當孩子長大卻「不成人」……

接受孩子不如期望的事實、
放下身為父母的自責與內疚，
重拾自己的中老後人生！

珍・亞當斯 博士 Jane Adams, Ph. D. ◎著
祁怡瑋 ◎譯

When Our Grown Kids Disappoint Us:
Letting Go of Their Problems, Loving Them Anyway, and Getting on with Our Lives

各界好評

「終於有一本書是為成年問題兒女的頭痛父母而寫，這些父母竭盡所能養育子女，換來的結果卻讓他們抬不起頭、傷心難過，有時甚至大驚失色！珍．亞當斯（Jane Adams, Ph. D.）寫出了不能說的眞話：成年問題兒女的父母不但『可以』而且『應該』去過自己的人生。亞當斯探討了許多其他作者不敢碰觸的主題，像是沉重的罪惡感、父母的自戀心態、遙遙無期的空巢期、幫太多忙症候群，乃至於寬恕。總是不禁為自己教養方式後悔的父母非讀不可，本書的療效相當於巨量的團體治療！」

——勞拉．卡斯特納博士（Laura Kastner, Ph. D.）

著有《七年徒刑：一家人如何攜手度過青春期》（*The Seven-Year Stretch: How Families Work Together to Grow Through Adolescence*，一九九七年）

「《當孩子長大卻不「成人」……》是斯波克世代（意指遵照美國兒科權威斯波克醫生教養方式的父母）頭痛父母的一帖解藥。在育兒博士斯波克（Dr. Spock）醫生的教誨之下，一整個世代的父母深信必須接受寶貝子女的一切，好讓他們過得幸福又安心。天曉得我們多想給五〇、六〇、七〇年代出生的寶貝最好的，結果卻只讓我們傻眼。成年之後的他們無能掌握自己的人生，而如今只想『有自己的生活』的年邁父母持續活在內疚之中。只要看十頁珍・亞當斯的這本佳作，你的血壓就會降個二十度，她提醒你現在輪到你了。這確實是一本十分重要的著作！它將提醒你你並不孤單。」

——安・魯爾（Ann Rule）
著有《你的每一次呼吸》（*Every Breath You Take*，二〇〇二年）

「任何一位必須爲成年兒女擦屁股的父母，或任何一位對成年兒女大失所望的父母，都能從珍・亞當斯睿智的話語中得到深刻的理解與安慰。更棒的是，她的書提供務實的指引，讓爲人父母者明白爲什麼應該慈愛但堅決地與成年兒女劃清界線、重拾自己的人生，又該在何時、如何這麼做。」

——茱蒂絲・維奧斯特（Judith Viorst）
著有《成人婚姻》（*Grown-Up Marriage*，二〇〇一年）

「有時候，我們的成年兒女令我們心碎——這是家庭生活常見的結果，也是我們藏得最深、寧可否認的家醜。面對這個事實的工作就交給珍・亞當斯了。這本劃時代的著作談的是戰後嬰兒潮親子教養的下一階段，閱讀本書，你會知道你不孤單，並從中得到安慰。它告訴你：即使結果不如人意，你還是可以從家庭生活中找到喜悅與希望。」

——佩珀．史瓦茲博士（Pepper Schwartz, Ph.D）
華盛頓大學（University of Washington）社會學教授
著有《劈腿是天性？》（商周出版，二〇〇六年）

「珍．亞當斯向深陷成年兒女人生問題的父母伸出援手，鼓勵他們出於愛對兒女放手，爲自己發現後親職時期應有的樂趣。她筆下來自失望父母們的見證，說明了對親子兩代而言，完整而獨立的自我發展是爲時一生的過程。」

——桑迪．赫奇基斯（Sandy Hotchkiss）
著有《爲什麼總是以你爲中心？》（*Why Is It Always About You?*，二〇〇二年）

「這是一部深思熟慮、富有主見的著作，協助苦惱的父母放下內疚、接受孩子不如期望的事實、正視並重視孩子眞正的樣子，好讓父母可以繼續自己的人生。本書帶來可貴的重要訊息！」

——瑪莉蓮．尼森遜（Marilyn Nissenson）
著有《一輩子的朋友：爲母親與成年女兒的感情加溫》（*Friends for Life: Enriching The Bond Between Mothers And Their Adult Daughters*，一九九八年）作者

各界好評

「《當孩子長大卻不「成人」……》是一部劃時代、勇敢、務實、富有同理心、睿智又簡練的著作。珍・亞當斯爲眾多快要束手無策或已經黔驢技窮的父母，提供具體的協助和令人寬慰的輔導諮商。這是一本超級好書，必能觸動至今一直被忽略的廣大讀者。」

——愛德華・哈洛威爾醫生（Edward Hallowell M.D）
哈佛醫學院（Harvard Medical School）講師
著有《分心也有好成績》（遠流出版，二〇〇六）

「本書填補了一個既廣又深的空缺，光是書名就能給無數迫切需要此書的父母希望！珍・亞當斯的憐惜、理解和洞見躍然紙上。」

——史考特・派克醫生（M. Scott Peck, M. D.）
著有《心靈地圖》（天下文化，二〇一〇年）

「針對無數兒女已成年但持續被內疚綁住的父母，亞當斯博士的書提供智慧、安慰，以及一個同病相憐的圈子，然後她再幫忙放他們自由。」

——蘇珊・萊文（Suzanne Levine）
著有《勇父》（*Father Courage*，二〇〇〇年）

獻辭

獻給蘇珊・萊文（Suzanne Levine）和鮑伯・萊文（Bob Levine），

要是沒有你們……

也獻給強納森（Jonathan）、山姆（Sam）、諾亞（Noah）、

潔丁（Jadyn）和他們的父母。

以及一流編輯佛萊德・希爾斯（Fred Hills）無盡的支持。

目錄

【推薦序一】

避免又老又窮又病，就要重新洗牌

丘引

當我開始閱讀亞當斯博士（Jane Adams, Ph. D.）的這本著作時，幾乎是一口氣讀完，我的內心波濤洶湧，又帶著一份濃濃的傷感。

在教養的路上，當孩子進入青春期時，不少父母呼天搶地的，認爲這是教養最艱難的階段。等到孩子成年了，該離巢了，卻偏偏賴在家裡白吃白喝，還大言不慚的把髒衣服丟給父母時，此時當爸爸媽媽的人整個心肝結成球，才赫然發現，原來還有比青春期更難搞的「成年問題孩子」，正虎視眈眈的要吞噬父母的老年。

面對成年問題孩子，父母就像是被丟到焚化爐一樣，被烈火燙得全身火熱，灼燒程度嚴重到只能進入醫院的燙傷隔離室，卻難以痊癒。也許，你會氣憤的問，「這公平嗎？我養你這麼大了，你爲什麼還不長大？還要給我添麻煩？我都有歲數了，你不養我，卻還要啃我這把老骨頭？你的良心何在？」可能你還一把鼻涕一把眼淚的訴說，從有收入開始，就不斷的寄錢給父母；而輪到可以伸手了，卻有另一雙手直往口袋裡挖……。接著，你就可能落入「孩子是來討債」的傳統思維下而不敢翻轉。

當我的孩子們離開大學後，我爲了避免自己落入這本書中那些父母的不堪下場，我做了非常果斷的決定，就是斷、捨、離。

斷金錢的支助。不只是斷金錢的援助，而且，若我的孩子們住在我的房子，他們每個月必須要付我租金。萬一沒有支付租金，就搬出我的房子。這是我給他們的條件。而結婚了，就必須搬離我的房子，就算要支付租金，我也不接受。

我不是基督教徒，但我嚴格奉行「離開父母、和另一個人共組一個家庭」是結婚的必然條件。爲什麼要這樣？道理很簡單，沒有離開父母，孩子是永遠長不大的，是不會願意爲自己負責任的。而獨立與負責任應該是畫等號的。當然，這也是爲我自己「第二自我的誕生」未雨綢繆。我不只把「誰的責任」這個部分劃分得非常清楚，我也將「誰的財產」貼上STOP標誌，禁止孩子入內。

也因此，我承受了諸多親友的不諒解，認爲我太狠了。可是，當我參加高中同學會時，我看到眾多當年的美少女，有的人如今是孫子女的二十四小時免費褓姆，有的人可能被自己的孩子綁架，不僅老本流失，還波及他們的健康和自由時，我就了然自己做對了。在我的孩子們還沒有踏入婚姻前，我就公開對他們宣稱，未來請不必將我列入他們免費褓姆的名單。「萬一你們把孩子送到我這兒來，那麼，我就把你們的孩子送到警察局或孤兒院門口，然後我就閃人。」

我不得把醜話說在前頭。因爲我的孩子們不只是我一手帶大的，他們還是我自助旅行的長期鐵三角，他們理所當然懂得如何操控他們的媽媽。這也是我不能陷入陷阱的原因。所以，斷捨離的捨，確實不易處理。

此外，我們分居兩國，離得遠遠的，我的孩子們都知道媽媽不但不給靠，也不可靠；再加上每隔一段時間，我就寫信給他們，說我一直在讀書做研究，沒有什麼收入，在異國經濟很拮据，是否能夠得到他們的贊助？他們也毫不客氣地回信說他們的手頭也不寬裕……，哈哈！

萬一你做不到我對我的成年子女做的，那麼，一如書中說的，何妨思考一下，究竟這是誰的人生？每個人的人生都要自己負責，每個人的人生劇本都要自己寫。因此，你的人生，你負責；孩子的人生，孩子自己負責。我的思考邏輯是，想要過什麼樣的人生，都是自己可以做的選擇。而選擇權在自己的手裡，決定權也掌握在自己的手裡。

每次回台灣時，我就聽到一些人邊帶孫子邊嘆氣，說沒自由，說體力不濟，說被綁死了……，卻又很宿命的說那是在幫孩子，「不幫不行」。《當孩子長大卻不「成人」……》一書的說法和我想的不謀而合，爲孩子做很多，好像是沒有底線一樣。我不當孫子女免費褓姆的背後原因，不只是因爲我個人的生命自由和追尋更大的寫作和成長空間，更是我不能也不忍剝奪我孩子們當父母的權利。他們該享有自己照顧和教養孩子的機會，我愛我的孩子，當然我不能剝奪他們爲人父母的天賦。何況，我自己從當媽媽的經驗中成長不少，那也豐富了我個人的生命。既然如此，我當然必須對我的成年孩子說「不！」

在台灣，很少有人思考人生的順位該如何排列才恰當，因爲台灣的社會是集體社會；而集體社會就是當大家都這樣做時，潛意識裡如果你沒有跟著潮流這樣做、沒有一窩蜂，或反其道而行，那麼你就是違逆社會善良風俗的「惡人」。《當孩子長大卻不「成人」……》卻告訴我們，在人生的順位上，該把「自己」擺在第一位，而非你的孩子「第一」，「第一」也非你的配偶。也許，你可能做不到這樣，因為你從小被灌輸「利他」，而非「利己」，你被內疚感給綁票了。因此，驅除你根深柢固的內疚感，是要務。

不過，在華人的社會，父母總是喜歡把自己的期望套在孩子身上，要孩子去滿足自己沒有達成的角落，這對孩子是非常不公平的。某一次我受邀到美國亞特蘭大的一所公立中學對一群中學生演講時，有兩個來自中國的學生私下來向我訴苦，說他們的父母要他們去完成父母的期望，而美國的教育卻鼓勵每個人朝自己的興趣和人生目標去發展，因此他們感到被撕裂的痛苦。所以，調整自己的期望值，「期望自己而非期望你的成年子女」將是父母子女關係朝向良好的前進樞紐。

在本書中，還提及針對成年問題孩子的媽媽所做的研究中，指出她們的適應過程有六個階段：震驚、關注、行動、抽離、自主和重新建立關係。多數人是前三關易過，後三關卡卡卡；而「放下」，也就是六階段中的「抽離」，將是過後三關的關鍵。

如果你是《當孩子長大卻不「成人」……》這本書所說的那些父母，不妨把這本書當成療傷之用。療傷有益健康，何樂不爲？如果你是站在懸崖上的父母，《當孩子長大卻不「成人」……》可以給你該有的勇氣和智慧，做出明確的抉擇。不論如何，你千萬要記住，變老不可怕；可怕的是，又老又窮又病，又沒有賺錢的能力，那可是叫天不應、叫地不靈啊！我可是研究老年學的人，還寫了三本老年的書，我的忠告你最好收下，將對你好處多多。

推薦人爲自助旅行／親子／老年學作家，也是三個大孩子的媽

著有《叛逆是轉大人的開始》（新手父母，二〇一八）

《四捨五入：讓50歲後的身心更美好》（原水，二〇一五）等多本著作

【推薦序二】

「過自己的人生」是你給成年孩子最好的禮物

黃惠萱

看到這本書的書名，我心裡冒出來的句子是「對嘛！早該有人寫這樣的書了！」原來早在二〇〇二年時它就已經在國外出版！而對我來說，這本書現在在台灣翻譯、出版得正是時候，因爲在這幾年我的晤談對象中，五十歲到六十歲的求助者增加了，他們除了梳理原生家庭帶給自己的影響之外，也都爲自己的成年子女所苦。

有的人擔心孩子繭居在家不離開，其實心裡害怕孩子離巢後得自己一個人過日子；有的人怕孩子過不下去幫著養孫子，其實自己身心俱疲好想休息；有的人早過了退休的年紀還堅守崗位，其實一直在等待人生迷惘的孩子長大。

因爲焦慮或者內疚，即使子女已經成年，這些父母卻遲遲無法去過自己人生，過期的養育責任成了他們長久的心病。這些成年孩子的父母究竟焦慮什麼？爲何內疚呢？

父母的分離焦慮

「我女兒昨天罵我……，爲了一個男人罵我，說我害她跟上一個男朋友分手，害她到現在還沒有結婚！心理師，她要不要結婚干我什麼事，我又沒有綁著她！」對！她確實沒有綁著女兒，但父母對子女的影響力向來不需要透過實體，身爲她的心理師，我清楚她總是在女兒交男朋友的時候變得特別依賴，在女兒晚餐約會時，不斷打電話詢問女兒是否要回家吃飯；在女兒假日想和男友出門兜風時，開始埋怨自己年輕時爲了照顧家庭都沒有出門玩；在女兒論及婚嫁前夕，因爲恐慌症進了急診室。

她不知道自己為什麼會這樣，女兒都快四十歲的人了，早上還怕她遲到叫她起床，每日為女兒煮飯催她回家吃，天色一暗就開始打電話找人……。她一直覺得女兒很依賴，是長不大的孩子；晤談之後她才覺察，原來依賴的人是自己。年幼的時候父親驟逝，母親改嫁，結縭不到十年先生早逝，過去的創傷加重了她作為母親的分離焦慮，這跟她面對女兒離家獨立時的分離焦慮，融在一起化不開。

我幸福的前提是你幸福

有些人因為焦慮和孩子分不開，而另外一些人則是因為內疚而為了孩子一直在等待，他們延宕自己的人生規劃，想等孩子的問題都解決了，再去退休、再去安排生活、再去看病、再去做自己想做的事。

「其實我累呀！怎麼不累？但是她一個月才賺兩萬多塊，我不幫她帶孩子，誰幫她？」、「我的同學們這個年紀大家早都退休了，我連想都不敢想，兒子工作不穩換個不停，還想著考博士班，我不多工作幾年怎麼行？」孩子要先得到幸福，父母才能幸福，所以父母們一直付出、老是等待、始終放不下，因爲內疚所以用錯方法和成年孩子相處，結果是愈幫愈累，很多父母都生病了，他們心裡的苦只能在晤談室對我說。

「界線」讓你當個身心健康的父母

有時候孩子無法讓你滿意，有時候他們不能照你期待的的時間表長大，作者說「要不要發揮潛能是他們的事，處理我們的感覺是我們的事。」我們接受孩子有權利迷惘和犯錯，因爲他們可以從這些混亂中學習修正；而我們得照顧自己，和孩子維持關係，但是和孩子的問題劃清界線。

「她沒先打電話回家，我就不準備她的晚餐，有時候我樂得輕鬆，弄個沙拉就可以繼續追我的劇！」、「我跟她說假日我要休息，孩子讓她帶回去，本來我覺得自己這樣太殘忍，怕她工作完假日還不能休息，不過幾次下來，她們母子的感情比以前親近多了。」、「我叫他這次想清楚再決定，要念博士就自己存錢去念，我不會再經濟支援他了，我想通了，再這樣下去我先垮了，積蓄沒了，以後也只是拖累他，還不如現在就說清楚，我照顧好自己。」晤談之後，有了覺察和覺悟，父母們試著用一種全新的方式和孩子相處，讓自己的後半輩子有盼望。

放手讓孩子處理自己的問題，不是殘忍，而是教養的一部分，是很多父母不明的道理，在親子關係中進退得宜是一種身教，拿捏「親近與尊重最好的距離」是所有成熟人際關係的維繫之道。

「自我實現」這項功課，父母應該先做到

有的父母嘴上說對孩子放手，不干涉孩子的決定，不過度涉入孩子的生活，實際上仍眼巴巴的留在原地，閒置自己的生活。把孩子從人生第一順位放下來之後，自己的人生卻仍空在那裡。

作者在書中提到戰後嬰兒潮的父母們，有著辛苦且匱乏的童年，所以在養育下一代時最看重孩子的自我實現，如果孩子能發揮潛能做自己，他們就會感到幸福，但「孩子」的自我實現該是「父母」的自我實現嗎？這樣的自我實現裡沒有「自我」，需要仰賴其他人的人生目標是對眞實自我的逃避，而不是實踐。

孩子不該揹負著父母的幸福過生活，父母也不該揹負著孩子的幸福過日子，你可以開始自私地照自己的需要規劃生活，拿回自己的時間，用自己的錢，去編織自己的

夢想，去實踐自己的願望，你和子女相處的時間也許會變少，但不見得會分離，有可能會更加親近，也有可能不會更親近，但絕對會發展出另一種較健康的新平衡，讓你可以過回你原本健康有希望的生活。

如果你的孩子成年了卻還沒有長大，如果你的孩子是你說不出口的祕密，如果你覺得放下對孩子的期待很難，如果你不知道該如何跟孩子的問題劃清界線，如果你不知道什麼叫做找回自己的人生，那麼你該看這本書！相信我，這本書會成爲你的夥伴、你的老友、你的治療師！

推薦人爲臨床心理師，「心理師與女人聊心室」粉專主著有《愛媽媽，爲什麼這麼難》（寶瓶文化，二〇一八）

前言

如果你感覺人生失去控制，因為：

- 你的成年兒女不離開家裡，或離不開家裡。
- 你的成年兒女有酗酒或嗑藥的問題。
- 你的成年兒女找不到工作，或工作不穩定。
- 你的成年兒女長期憂鬱。
- 你的成年兒女過度依賴。
- 你的成年兒女無法自力更生。

- 你的成年兒女有飲食失調症。
- 你的成年兒女有精神疾病或自殺傾向。
- 你的成年兒女和家人朋友很疏離。
- 你的成年兒女從事非法活動。

那麼這本書就是爲你而寫。

如果你的人生被成年兒女的問題盤據，如果他們榨乾你的荷包、爲你的婚姻或感情帶來壓力、影響你的健康、妨礙你的事業發展、延遲你的退休計畫、害你失去社交生活、造成家庭的嫌隙、威脅你的安全或搞得你夜不能眠，本書就是爲你而寫。

本書不是關於他們，而是關於我們——關於後親職時期稀鬆平常和非比尋常的失望，關於那些以我們是什麼樣的人、孩子又是什麼樣的人而言實際和不切實際的期望，關於恨鐵不成鋼的父母大大小小的失落、頭痛和憂慮。這些父母的孩子或許沒能發揮潛能，沒能展翅高飛；或許長不大，而且一時還看不到長大的跡象；或許沒能振作起來、整裝上路；或許深陷藥物濫用與酒精成癮的世界、因爲精神或身體的疾病而失能、作奸犯科或貪贓枉法、受到邪教或神棍的蠱惑、受到另一半虐待卻無法自拔、無能許下承諾或信守諾言、還在掙扎或已經放棄……。

如果成年孩子的問題阻礙了你和他們自己的幸福，如果他們對人生的無能快要把你逼瘋，本書就是爲你而寫。因爲如果他們過得不好，很有可能你也過得不妙。

我能私下和妳聊聊嗎？

身兼社會心理學家及爲人父母者，我已經聽人談兒女的事二十五年了。在我的另一本書《我還是你媽：餘生如何與你的成年兒女相處》（*I'm Still Your Mother: How to Get Along with Your Grown-Up Children for the Rest of Your Life*）於一九九四年出版時，每當我去演講或出現在媒體上，觀眾中總有人會在活動結束後把我拉到一邊，悄聲說：「我能私下和妳聊聊嗎？」他們需要一個明白箇中甘苦的人給他們建議、資訊與支持，不只是關於後親職時期一般常見的問題和苦惱，也關於父母對成年問題兒女的恐懼、擔憂、哀怨、不耐和挫折。

兒科醫生以「生長遲滯」形容嬰兒期營養不良導致的發展遲緩。近年來，心理學家普遍採用此一詞彙描述後青春期發展遲緩的成人，亦即到了二十幾歲、甚至三十幾歲還長不大的孩子。

想想這些數據：

- 二十一歲的成年人當中，有百分之二十八將他們在十八歲時的抱負下修。二十一歲至三十歲的成年人當中，則有百分之五十認定他們的目標永遠不會達成！①
- 二十一歲至二十四歲的成年人當中，有百分之五十八住在家裡，或在過去兩年間重新回到家裡住；以二十五歲至三十四歲而言，此一數據則爲百分之三十四。②
- 較之一九六〇年代的青年人，長大獨立的成年期晚了五至七年到來。③
- 抗憂鬱劑的使用量在二十一歲至三十二歲的成年人中最高。④
- 二十一歲以上成人自殺、酒精成癮、飲食失調和憂鬱症的罹患率比過去二十年增加三倍。⑤
- 青年人吸食海洛英和安非他命者在過去五年增加了四倍。⑥

- 十八歲至三十五歲的青年人有百分之四十在經濟、情感和物質上過度依賴父母。⑦
- 二十一歲至三十二歲青年人的父母，有過半數將收入的四分之一以上用在供應成年兒女金錢、物品和日常照顧之所需。⑧

編按：註號○為原註；●為譯註。

① Terri Apter, *The Myth of Maturity* (New York: W.W. Norton & Co., 2001), p.23.

②同前，p.22。

③ Daniel Levinson, *The Seasons of a Woman's Life* (New York: Ballantine, 1996), p. 71.

④ Apter, *The Myth of Maturity*, p.24.

⑤同前，p.226。

⑥ *National Household Survey on Drug Abuse*, U.S. Department of Health and Human Services, 2001.

⑦ William S. Aquilino, "The Returning Adult Child and Parental Experience at Midlife," in *The Parental Experience in Midlife*, eds. Carol D. Ryff and Marsha M. Seltzer (Chicago: University of Chicago Press, 1966), pp. 423-453.

⑧ National Institute of Child Health and Development, *National Survey of Families and Household*, 1994.

• 青年人的性病、意外懷孕和墮胎率比青少年還高。⑨

當然，數據只是數據，除非你的孩子是其中的一個——不離家或不能離家的那一個，上癮、依賴、苦悶或憂鬱的那一個，長期負債、靠你解救的那一個，沒有目標、孤立疏離、和社會脫節的那一個，沒辦法面對責任的那一個，虛度光陰或混吃等死的那一個。

在這每一個數據背後，除了該名青年本身以外，都還有其他人的人生四分五裂。那就是這位青年心碎的父母，他們躲在臥房裡哭到睡著，他們百思不解地抓著頭皮，納悶道：「我們到底哪裡做錯了？」

那是誰的事？

我們這一代在戰後嬰兒潮出生的人揹負了很多期待，輪到我們爲人父母時，我們對孩子的期待就算不是更多，也至少是一樣多。而儘管心理醫生、諮商師和專家們都說孩子的失敗是孩子自己的問題，我們壓根不相信這種說法，或至少不完全信服。

「那是他們的事，不是你的事。」孩子們的輔導員、諮商師、律師這麼說，他們的兄弟姊妹（感謝老天，別的孩子沒問題）也這麼說。的確，那是他們的事，但在這當中有我們的心事、感受、恐懼、負擔和信念，只能讓我們可暢所欲言的對象（我們的伴侶、心理醫生或守口如瓶的摯友）聽到，並提供我們需要的回應與協助，有時是

---

⑨ U.S. Department of Health and Human Services, Public Health Service, Centers for Disease Control and Prevention, Reproductive Health Information, Surveillance Report, 1998.

給我們一個客觀的看法，有時是介紹一位專家給我們，但通常是給我們陪伴與傾聽。

這裡有這些父母的故事和感受，以及那些善意忠告和獨到見解的精華。在這裡，你也可以從無數失望父母的經驗中學到積極正面、激勵人心、減輕負擔的東西。

說孩子令父母失望，聽起來好像很自我中心，不是嗎？畢竟，那是誰的人生？我們憑什麼評斷他們該怎麼過？只因他們沒畢業、沒找到對的人結婚、信奉的東西不同、沒照我們的方式過活、沒按我們的希望做選擇、沒在該離家的時候離家，或者沒養成我們完全有權期望他們展現出來的操守、道德標準或人格，我們憑什麼說他們這樣就算失敗了？

只有他們的父母有資格這麼說；然而，對這些父母而言，評斷兒女也等於評斷自己，接受成年兒女的有限也意味著面對自己的有限。雖然我把書中人物的名字和人生細節改了，但他們就像你我一樣真實，他們的小孩很真實，他們的失望也很真實。

他們之所以把他們的故事告訴我，唯一的原因就是他們需要一個訴說的對象，而他們相信我會保護他們和孩子的隱私。所以，如果你生氣或抓狂的是兒子沒進哈佛、女兒三十歲還單身，或者他們的人生順位、政治理念和對伴侶的選擇與你不同，那是你的問題，不是他們的問題，這本書不會給你幫助。把這本書送給需要的人，你就知足惜福吧！

但如果兒女的問題嚴重影響到他們自己的人生，並導致你沒辦法去過自己的人生，連你都有被拖垮的重大風險，那你可能就要牢牢抓緊這本書了。

當壞事發生在好父母身上

人到中年，身爲父母有一個攸關自我認同的關鍵，在於評估兒女出落得怎麼樣，亦即他們成爲什麼樣的大人。成年兒女的人生是一面重要的鏡子，讓我們照見自己和自己的成就。透過他們長大成人之後的成敗，我們回過頭來證實自己是什麼樣的父母，又給了孩子什麼樣的照顧。⑩

套一位不快樂的家長告訴我的話：「孩子還小的時候，你心裡大概有個底。你知道即使五歲的傑森還會尿床，到了國中畢業時，他不可能還要穿尿布。如果珍妮佛六歲的時候會說謊，到了七歲她可能就沒有這個毛病了。從遊樂場到兒科診所，你到處和其他父母聊孩子的問題，說得鉅細靡遺也毫不害臊，因爲你知道他們在不同的年紀自有不同的發展。但當他們長大成人以後，或當他們應該要長大成人的時候，你卻覺得他們沒長好都是你的錯。他們的表現反映出你是個多成功或多失敗的父母。所以，如果他們出落得不好，如果兒子吸毒或女兒沒有像樣的工作，如果他們大學沒畢業或靠社會救濟過活，又或者他們變得很自私、很惡劣、道德感薄弱之類的，你都絕口不跟任何人說。你獨自面對你的擔憂、憤怒和失望，尤其是失望。」

他們的人生不完全是我們一手造成的，他們成熟與否不是評價我們唯一的標準，甚至也不是評價他們唯一的標準——這麼說不是在找藉口或爲自己開脫，而是事實的確如此。畢竟，壞事也會發生在好父母身上，反之亦然。但話說回來，就如同上述同一位父母（她本身是一位受人敬重的成功女性）所言：「無論我自己的人生多有成就，如果我的兒女不好，我還是覺得自己很失敗，即使除了我之外沒人知道。」

我們心中不可告人的小祕密

許多人都對自己的成年兒女很失望——這是我們心中不可告人的小祕密。對一直

⑩ Carol D. Ryff, Hyun Lee Young, Marilyn J. Essex, and Pamela S. Schmutte, "My Children and Me: Midlife Evaluations of Grown Children and of Self," *Psychology and Aging*, Vol. 9, No. 2 (1994): 196.

沒發揮潛力的孩子失望，對人生正要起飛卻似乎停滯不前的孩子失望，對誤入歧途或走上不歸路的孩子失望。我們不只失望，還羞愧地覺得自己怎麼可以對孩子失望。

面對內心暗藏的羞愧，每個人都有自己的處理方式。我們故作堅強、強作鎮定，這種做法或許可以幫我們撐一陣子。聽到其他父母甚至更嚴重的慘況時，我們提醒自己「shana rayna kapora」——這是意第緒語裡所謂的「比上不足，比下有餘」。事實也通常如此，你不會是最慘的人。我們告訴自己，他們總有一天會有長進，許多情況也確實是船到橋頭自然直。我們多多充實自己，盡我們所能吸收資訊和尋求專業協助，心想這麼做不會有壞處，至少能讓我們覺得自己盡力了，而我們也眞的盡力了。與此同時，我們過一天算一天，寄望於未來。聽起來可能很矛盾，但多數人事實上就是這樣走過來的。

避而不談

我們做盡一切，唯獨不願開口去談。出於羞愧、傷心和自責，我們把孩子的問題和內心的痛苦留給自己。這眞的太可惜了，因爲開口去談、彼此傾聽、學習經驗、互相分享是有幫助的——不要懷疑，眞的有幫助。

一旦知道你不是唯一一個失望的父母，你可能會覺得寬慰一點。學著了解爲什麼你會爲了成年兒女這麼痛苦；爲什麼你的心總是綁在孩子身上，即使你連他們在哪裡都不知道；爲什麼這麼難分清楚界線在哪裡，什麼事情你該管，什麼事情你該丟給他們。學著釐清你能爲他們做什麼，又不能爲他們做什麼。

因爲你不是唯一一個覺得困惑、無助、無依、沒用、疲憊、內疚、氣惱、哀怨和擔憂的父母。不是只有你的婚姻或感情因爲成年兒女的問題備受壓力，或甚至爲他們犧牲掉。其他父母也不知道該怎麼切割孩子的問題，卻不切斷和孩子的關係。你也絕對不是唯一一個爲了其他小祕密自責的父母，這些小祕密包括你嫉妒或仇視那些兒女發展得很好的父母。

坦白說，在接下來的章節裡有一些眞的很恐怖的故事。如果你的因應方式是告訴自己「比上不足，比下有餘」，那麼有許多故事對你而言就很實用。本書也有一些連心理醫生都不會告訴你的大實話，像是你的期望太不切實際了；他們的選擇不是問題，你的自戀才是問題；有些問題是你很久之前就種下的錯誤，現在要改已經來不及了；有些孩子永遠長不大，有些毛病也不是長大就會好；就算有一天孩子長大了，有些你拚了老命爲他們打開的門卻永遠關上了，而且，就像他們一樣，你只能接受事實。

然而，我們理所當然地以爲自己是好父母，或至少已經盡力扮演好父母的角色。

成長過程中，父母師長讓我們覺得自己得天獨厚，而且獨一無二。輪到我們養兒育女時，我們就希望他們也有一樣的感覺，即使有時或許正因如此才有礙他們的成長。無需贅言，我們很愛他們，至今依然，即使我們不一定對他們滿意，而且至今可能還是不滿意。

我們有些人很訝異成年的孩子怎麼突然就走歪了，畢竟最危險的是青春期，他們已經安然度過，沒出什麼大錯。或許現在才浮上檯面的問題早就存在了，但我們從來不知道，而他們從不告訴我們。直到他們脫離我們的控制，或直到我們鞭長莫及之前，他們表面上看起來都沒什麼問題。

或許是我們否認問題的存在，也或許他們本來都應付得還可以，直到憑自己去開創人生的挑戰令他們無法招架爲止。現在我們要做的，就是不要讓他們的挑戰打敗我們。

要丟下自己做得不完美的工作可能很困難，尤其是教養這件工作，但教養的技巧從來不是針對成年的孩子所設計。我們需要劃定親子關係的界線，並限定我們介入他們生活的程度，因爲現在的我們只能設下這些界線。我們要找到辦法既和他們保持有意義的往來，又能去處理自己的中年課題，像是接受我們的成敗得失、重新鞏固我們的自我認同，並在父母這個角色告一段落的此時，重新找回自己的人生。

雖然我們無力插手他們的人生，但我們也不是全然無助。還是有一些技巧和策略可以推他們向前走一點，也有一些可能延遲他們獨立、導致他們長不大的事情，我們可以不要再做。

還記得當他們是青少年的時候，我們會在偶然之間，彷彿看見他們正在蛻變成什麼樣的大人，心想：我一定做對了什麼吧？這本書裡寫到的人多半都還在等待那個大人出現。有些人的耐心等待得到了回報，也有些人等到最後才終於有了好結果。因爲即使他們的孩子搞砸了人生的第一幕，我們知道費茲傑羅❶說得不對——人生還有第二幕、第三幕、第四幕，而且許多人最終還是有圓滿的結局。

即使在最壞的時候也有成長的機會。你有機會將自己從對成年兒女失望的孤單牢籠中釋放出來。這也是唯一一個釋放他們的辦法。唯有如此，他們才能長成健康快樂的成年人，蛻變成他們還沒成爲的大人。

我們都愛圓滿的結局和感人的故事，但這本書不是一本賺人熱淚的書，你在這裡看不到太多這樣的故事。是時候爲我們自己找到圓滿的結局了，不管我們當前的處境，抑或正因我們當前的處境，圓滿的結局還有待展開。有位家長對我說：「妳應該

❶此指美國作家史考特．費茲傑羅（F. Scott Fitzgerald）的名言：「美國人的人生沒有第二幕。」（There are no second acts in American lives.）

叫這本書《高投資，爛報酬》。」順帶一提，這位家長是財務規劃師。但除非你認為讓父母引以為豪是孩子的責任，或者讓孩子幸福快樂是父母的義務，否則這種說法並不成立。而如果這些就是本書唯一要破除的迷思，那你的買書錢會花得很值得。

卸下親子教養的工作回歸自我是社會學家口中的「後親職要務」（postparental imperative）。為了養兒育女，我們把自我放在一邊，現在是時候想清楚重要的是誰，以及重要的是什麼了。因為現在大勢已去，不管為人父母這門課我們自認及格不及格，一切都告一段落了。我們沒有重來一次的機會——這既是好消息，也是壞消息。我們現在的工作是接受自己在人生中所做的選擇、放棄某些夢想、全力實現其他夢想、傾聽自己的心聲，並善用餘生所剩的時間。無論兒女是否功成名就，是否發揮了我們相信的寶貴實力和無限潛能，我們都能這麼做，我們都必須這麼做。但唯有在等待他們步上軌道的同時，我們就開始專注於自己的人生，這種願景才有可能成眞。

1

「孩子們都很好！」
是謊言還是期待？

我們九個人聚在一起共進晚餐。包括戰後嬰兒潮前後期出生的人在內，我們一起哭過、笑過、擁抱過，陪伴彼此度過結婚、生子、離婚、再婚和死亡。在人生各階段的開始、結尾和新的開始，我們參與彼此的慶祝儀式和哀悼儀式。我們擁有一段共同的歷史——喬遷之喜、升遷之喜、從東岸搬到西岸、開創新事業、第一根白頭髮、最後一段轟轟烈烈的戀情。當媽媽的和當爸爸的，是汽車共乘、家長會和足球隊的固定班底，打從缺牙小子和黃毛丫頭試探地邁出第一步、踏上顛簸的長大成人之路起，我們總是聚在一起分享孩子們的點點滴滴，從女兒的初經到兒子的第一張駕照，從騷亂不安但相對平順的青春期，一路來到大學的錄取通知書。

現在，我們年過半百，這些寶貝有的二十幾歲、有的三十幾歲。不管是最親的摯友，還是比較普通的朋友，我們總是問候與我們同輩的夥伴：「孩子們怎麼樣？」而每當我們這麼問，他們總是告訴我們：「孩子們都很好。」

只不過有些人說的不是實話。

因爲有很多孩子一點也不好。即使已經長大成人，生理上完全成熟，法律上符合成年的定義，達到脫離父母監督的年齡，他們永遠都是我們的孩子。雖然不受我們控制，我們卻不能不操心。我們把心事往肚裡吞，隱瞞他們過得不好的事實，不告訴任何人，有時候甚至對自己也不承認。

有些人直接扯謊，有些人把眞相稍微修飾一下，或者只談其他眞的很好的孩子，有些人極力誇大或渲染，有些人則純粹就是閉口不談。除了麗娜之外，因爲她不需要那麼做。她的獨生子彼德打從嬰兒時期，就像夏威夷的天氣，總是萬里無雲、陽光普照。二十四年來，這孩子的人生總像是福星高照，每天充滿喜悅與美好，從來沒有一刻讓父母心煩或失望。儘管世事難預料，但截至目前爲止，他的人生看來不會出半點差錯。

當然，這世上有許多像彼得一樣的好孩子，在各方面都讓父母抬得起頭，從來不曾爲父母帶來任何痛苦，尤其是失望的痛苦。

但也有好些二十一歲至三十四歲的大孩子，來自中產階級家庭、接受良好教育，一開始也像彼德一樣，享有優渥的環境與充分的條件，包括健康的身心、慈愛的父母，以及成材成器的潛能。他們大可成爲我們期望的樣子：獨立、慷慨、善良、快樂、成功、奉公守法、對社會有貢獻，善用我們這麼努力提供給他們的資源。

只不過他們沒有。

我們九個人共有二十個成年的孩子，其中有一半的孩子過得還可以（我們會拿出來談的那一半），另一半的孩子則不是那麼好。今晚一起共享木須炒肉絲的夥伴中，沒有人是連環殺手的父母，但有兩位的孩子在吃牢飯，一個是因爲詐欺，另一個是因爲販毒。我們當中有些人知道東西岸哪幾家勒戒中心最好，又有哪幾位治療厭食或賭癮的專家是業界翹楚。有些人則不知道那消失不見或關係淡薄的孩子人在何方，每當電話響起，我們就想會不會是警察打來叫我們去認屍。而我們當中還有一位，最後接到有關孩子的消息是法醫的驗屍報告，她總忍不住想像，她那聰明、風趣、前途看好的兒子，如果沒在二十五歲生日時自縊，現在的他會是什麼樣子。

我們有些人對朋友的處境感同身受，但默默慶幸自己的孩子沒闖出那麼嚴重或極端的大禍——所以，他二十七歲還住家裡，在餐廳做些洗碗、端盤子的工作，因爲他找不到更好的出路。我們堅強地告訴自己，以前人普遍都是三代同堂，甚至四代同住一個屋簷下，他住家裡有什麼關係？（還有，我們或許不太中意和他一起住在地下室的那個女孩子，但至少我們知道他人在哪裡。何況他哥哥婚姻幸福，有一份很棒的工作，娶了個我們滿意的媳婦，而且就快生下我們的第一個孫子了。這樣看來，肯定不是我們做錯了什麼。）

所以，她年屆三十，墮過四次胎、離過一次婚、兩度取消婚約，但至少我們還有聯絡。（而且她現在交往的對象沒有前科；謝謝你的關心，我有沒有告訴你她妹妹很好？妹妹在修博士學位，交了一個很棒的男友，想不到吧？妹妹小時候可是有閱讀障礙呢！）

所以，他爲了付錢給藥頭，偷了DVD、電視機和數位相機去變賣，但幸好他是偷家裡的，不是偷商店裡的，這樣他就不會被抓去警察局。而這顯然是一種求救的訊號，我們回應了他的呼求。（何況精神科醫生說只要經過治療，預後的狀況良好。我們的另一個孩子，醫生也是這樣說的，而且他沒說錯，那只是她人生中的一個階段。）

所以，她未婚生子，甚至不知道孩子的爹姓什麼，但至少她沒墮胎，我們很高興幫忙帶孫子，即使我們本來打算今年要賣掉舊家換新家。所以，有個女孩生了他的孩子，我們甚至不知道那個女孩的姓氏，但至少我們付得起被他忽略的強制扶養費。所以，他或她是同性戀，可是同性戀沒什麼不對。下個月的同志大遊行，我們當然要參加，即使我們但願不必參加，而且很高興我們的父母不必活著看到這一切。（如果你認爲孩子的性向沒什麼好可恥或好遺憾的，那麼你的想法完全正確。但你難免希望自己心裡好過一點，或世人就像你一樣接納他們。）

但凡有一個彼德，就還有一個保羅或寶拉。保羅或寶拉的父母快樂不起來，因爲打從醫生把孩子放進我們臂彎的那一刻，我們就對孩子懷抱著美夢，結果卻被孩子戳破或搞砸了。不知怎麼的，也不知從何時開始、從哪裡開始，又爲什麼會這樣，我們的孩子轉錯了彎，偏離了我們爲他們規劃的光明未來，落入我們不曾想過的人生和處境。雖然還沒收到期末成績單，但看來他們要當掉「眞實人生」這門課了。這必然表示我們當掉了「親子教養」這門課，不是嗎？我們對自己就像對他們一樣失望。

史上最得天獨厚的一代，只不過……

我們是史上最龐大、最富裕的一代，接受了最好的教育。經濟上不虞匱乏是我們的父母最重要的目標，而我們坐享他們努力的成果。在經濟蕭條和世界戰爭的挑戰之下，他們被迫早點長大。即使我們比他們晚了幾年長大成人，但到了我們的成年兒女現在的年紀，我們已經將父母的價值系統內化。儘管我們可能在大學時期反抗或無視這些價值，但除了綁架了文化的高音量少數人①之外，我們最終還是接受或適應了那一套價值觀。我們不只善用父母給我們的機會，而且將這些機會視為理所當然。我們倒吃甘蔗，漸入佳境；我們守著一份工作直到加薪、租房子直到買得起房子、買得起什麼車就開什麼車。我們愛跟成年兒女說這些奮鬥歷程，但每當我們提起這一切，孩子只會哀號並補充道：「對啦，而且你下雪天還走三十公里的路去上學。」

我們迫不及待想獨立。到了必須負起伴隨獨立而來的責任時，我們多半都準備好了。我們在社會上找到一席之地，努力把孩子拉拔大，灌輸他們良好的價値觀，但避免造成他們的心理負擔；關注他們的內在心理需求，遠甚於關注我們自己。這或許部分解釋了一九七〇年代的自我世代。

那些年，改變的風潮勢如破竹，吹垮了我們某些人建立的人生和人際關係結構，造就了離婚的文化。到了七〇年代末，已有九百萬單親父母獨力養育子女。即使我們的婚姻挺過了那段動盪的歲月，我們的態度和行爲也隨著性解放、女性主義和人類潛能運動而有所改變。雖然我們多數人知道自己得天獨厚，但卻很少人覺得自己有資格得到一切。

① 詳見 Michael Gross, *The More Things Change* (New York: Cliff Street Books, 2000), p. xiv.。

至少不像我們的成年兒女那樣，覺得一切來得理所當然。賺錢就是賺錢，我們不認爲自己應該從工作獲得心靈的滿足。從工作上，我們不期望既得到金錢又得到意義。

除非歷經漫長的磨練、辛勤的努力，否則我們不認爲有資格達到事業上的成就。高中時，我們要嘛以升學爲目標，要嘛以就業爲目標。連同越戰，這些目標決定了成年的我們踏上哪條路。兩條路都在意料之內，成年期伴隨著學位文憑或專業技能證書而來。

我們不覺得有資格當啃老族。我們不覺得有資格在二十五歲就享有父母過了數年之後才達到的生活水準，或者依賴他們提供我們應該自己去賺取的東西。我們不覺得有資格爲了我們的不足責怪父母，或者期望父母一次又一次地爲我們收拾爛攤子。

我們聽起來是不是有點不是滋味、有點酸溜溜的，甚至有點嫉妒我們的孩子？

（連我們都覺得自己若不是在倚老賣老，就是在嫉妒他們。）

我們確實嫉妒他們，而這既是我們的不對，也是他們的不對。

我們的期望，還是他們的期望？

對於我們拉拔大的孩子，我們的期望是：「完成學業，即使他要比我多花幾年才畢業。探索外面的世界和所有攤開在他眼前的機會，選擇一份能帶給他回報或意義的事業，或至少有一份像樣的工作。靠自己養活自己，即使我必須暫時提供一張安全網。達到情感上的獨立，自己的喜怒哀樂自己負責，不要把他的失敗怪在我頭上，不需要我不斷給他支持鼓勵或幫他建立自信。凡事照規矩來，不要冒愚蠢的風險把人生搞砸。還有……喔，對了，找到癌症的解藥、生幾個孫子給我抱、有空就打電話回家吧……，我的要求太多了嗎？」

卡洛琳說著說著露出了笑容，以免我不知道她眞的不奢望女兒成爲這一代的居禮夫人。然而，笑容不足以抹去她眼角的魚尾紋。多虧定期做保養和每天早晨踩一小時飛輪，狀況好的時候，五十五歲的她看起來至少比實際年齡年輕十歲。但她今天狀況不好，因爲她二十七歲的女兒莉莉狀況不好。

莉莉剛辭掉工作，這已經是今年第四次了。莉莉剛和男友分手。莉莉開的那輛本田 **Acura** 違規停車被拖吊，她把停車繳費單丟在汽車置物箱裡了。約好的就業輔導和心理諮商，莉莉都沒去。莉莉的手機通話費高達五百美金，因爲她最要好的朋友在倫敦，而莉莉不喜歡寫 email。莉莉從不幫忙打掃、遛狗，或準備晚餐。莉莉不過中午不起床，而現在她偏頭痛發作需要休息。

卡洛琳甚至還沒把大衣掛好，她就聽到莉莉今天一堆的不如意。不管卡洛琳自己的一天過得多滿足、多有成就，她的滿足感和成就感都像明尼蘇達州冬日午後的最後一抹陽光般黯淡下來。被拖吊的是卡洛琳的本田Acura。要被停話的是卡洛琳的手機。卡洛琳的房子通常保持得一塵不染，但在前一晚被莉莉和她的朋友搞得亂七八糟。莉莉沒去的就業輔導是卡洛琳預約的，一小時的輔導費是一百美元。至於莉莉忘記取消的心理諮商，一小時諮商費一百五十美元，帳單是卡洛琳在付。是莉莉的狗尿在卡洛琳的地毯上，更別提咬壞她的手工訂製鞋、摧毀她的玫瑰花圃。莉莉說從來沒人像那隻狗一樣無條件地愛她。離家上大學以來第三次搬回家住時，莉莉帶了那隻狗一起回來。

「除了膀胱無力之外，那隻狗有什麼是我沒有的？」卡洛琳哀怨地想。因爲要不是無條件地愛莉莉，卡洛琳可能就會拒絕莉莉了。拒絕她搬回家住，不管有沒有那隻狗。拒絕讓她使用或濫用她的車、她的手機、她的信用卡，以及其他莉莉問都不問就拿去用的一切。她可能會讓莉莉自己去找工作，而不是替女兒安排就業輔導（根據卡洛琳的說法，那位輔導師專門輔導像莉莉這樣有才華的年輕人），即使莉莉得接受不那麼有意義、有創意、實現自我或條件優渥的工作。她可能會把心理諮商的事情丟給莉莉自己去操心，尤其是操心帳單的部分。她可能會讓莉莉設法解決自己的問題，而不是想辦法替她解決。她甚至可能會任由莉莉過得很不幸（倒抽一口氣！），如果這是讓她長大的代價。

卡洛琳大學沒念完就嫁給莉莉的父親，這段婚姻結束之後，她到一家平面設計公司從基層入門做起。她學會用特價買來的 **Anne Klein** 套裝和跳蚤市場找到的骨董珠寶，把自己打扮得光鮮亮麗；直到現在她還是很愛去跳蚤市場挖寶。她學會用她的幹練讓老客戶印象深刻，並且憑藉她的本事帶來新的客戶。她學會管理更多的人和主持更大的計畫。到公司被一家跨國企業併購時，卡洛琳已經當上副總。現在她負責整個中西部地區的營運。在這整個奮鬥過程中，她也不是沒學會說不，但她就是沒辦法對莉莉說不。

誰麻煩大了？

在許多同儕之間，莉莉的故事只是細節有所不同。在邁向自力更生的路上，他們的進展和大學時相去無幾。他們還是住在家裡，還在「尋找自己」，還不能展開成年生活、供應自己基本的需求或下定決心投入一件事情——不管是一份事業、一段感情、一個目標、一個角色，還是一個計畫。也像許多她那個世代的人一般，莉莉的未來要怎麼走似乎有太多選擇，多到讓她無所適從。她還小的時候就感覺到成功的壓力，但她錯過了最近一次經濟大成長的時期。她等著搭上下一班經濟起飛的列車，不管那班列車何時到來。她想在這世上有一番作爲，但她不認爲自己成得了什麼大事。她沒惹上什麼大麻煩，至少目前還沒。但卡洛琳卻麻煩大了，她對莉莉的恐懼、憤怒和憂慮害她得了胃潰瘍。

除非莉莉幸福快樂，否則卡洛琳快樂不起來。而當她沒在為莉莉的問題大動肝火時，她就在為莉莉找藉口。如同許多失婚女性，卡洛琳納悶女兒感情不穩定、找不到真愛，是不是她自己婚姻失敗害的。她心想，因為她本身是完美主義者，所以莉莉的標準才會太高；或許她把她逼得太緊了。她相信莉莉的憂鬱症和基因有關。而她耿耿於懷的不是她對莉莉的失望，而是她氣女兒花了這麼久時間，人生還不能上軌道，搞得卡洛琳也不能去過她自己的人生。

「有時候，我氣到只能趁情緒還沒失控趕緊離開。有幾次我真的大抓狂，最後總是我倆哭成一團，或者把門甩得砰砰響。我跟她說，莉莉，妳有大好人生等在眼前，妳健康、聰明又迷人，為自己做點事吧！什麼事都行！妳的榮譽感到哪去了？妳的自尊心到哪去了？接下來，她可能會有三分鐘的熱度，一下子為了某個工作或計畫一頭熱。幾個月前是奧勒岡州的針灸學校，現在當我提起這件事，她就莫名其妙地看著我，好像我是其他星球來的一樣。反正不管什麼事都不持久，總有什麼做不下去的理由，從來不是她的錯。然後呢，好啦，她又回來了，白天就在家看電視。她在虛度人生，我看了就有氣，因爲我可沒有這種餘裕；我得好好把握自己剩下的日子。有時候，看著這個花了我半輩子去養育的孩子，我給她一切，我犧牲了這麼多，我對她有這麼大的期望，我不禁覺得自己是何苦啊？而且這件事什麼時候才結束？」

這件事沒有結束的一天，除非卡洛琳不再擔心莉莉的自尊問題、感情生活、工作危機、人生規畫、財務狀況和憂鬱症。而這一切卡洛琳都使不上力，卻佔據了卡洛琳那麼多時間、耗費她那麼多精力、用掉那麼多她所剩無幾的資源。

這件事沒有結束的一天，除非卡洛琳做好準備叫莉莉離家，或至少靠自己過活、不要靠媽媽接濟。這件事絕對不會結束，除非卡洛琳明白需要調整的不是卡洛琳的期望，而是莉莉自己對人生的期望（以及卡洛琳和這世界該給她什麼的期望）。

「我回想自己期望些什麼，或許是我不該有那麼多期望，但現在我也沒有要逼她讓我美夢成眞。現在只要她有自己的人生，只要她快樂，我就滿足了。」卡洛琳補充道。

他們的幸福快樂並非取決於我們

我們的父母一定比較輕鬆，他們不像我們還要擔心孩子的幸福快樂。儘管他們沒人希望我們過得不幸，但更重要的是確保我們有能力開創自己的未來。他們注重的是給我們良好的教育，灌輸我們勤奮工作和自力更生的價值觀與責任感。

我們這些在戰後嬰兒潮出生的父母和老一輩人的差別，在於我們既重視孩子學業的成績、事業的成就、倫理道德的價值觀和感情關係的滿足，也重視孩子的內在心理特質。新進的一項研究檢視了我們如何評價成年兒女的成就和適應力，以及這些評價如何影響我們對自己的觀感。此一研究顯示：希望孩子能實現自我是我們這一輩特有的目標。②有時候，爲了確保孩子實現自我，我們爲他們做得太多，多得超乎常理。難怪孩子長大之後還期望我們供應他們所需，而不像一個眞正的成年人，在工作、感情、承諾、成就、人際互動、自力更生等各方面，自己負責滿足自己。

我們沒辦法讓成年的兒女幸福快樂。只要我們還期望自己能滿足他們，他們就也會期望從我們這裡得到滿足，結果我們雙方都會大失所望。

② Carol D. Ryff, Hyun Lee Young, Marilyn J. Essex, and Pamela S. Schmutte, "My Children and Me: Midlife Evaluations of Grown Children and of Self," Psychology and Aging, Vol. 9, No. 2 (1994): 200

可是，要是他們不幸福，我能幸福嗎？

很少人覺得自己的孩子是完美的產品，但我們對他們的觀感和我們自己的情緒健康有很大的關聯。他們在我們眼裡發展得好不好，對我們各方面的心理健康都有舉足輕重的影響，包括我們的自我接納、人生目標、個人成長、環境適應和人際關係。這是因爲父母普遍被視爲子女人生發展的造就者，父母的自我評價因此揹負了很高的風險。孩子的發展強而有力地說明著我們身爲父母的成敗。前述的研究探討了父母對成年兒女的評價，如何影響了自己，同一份研究顯示：父母對兒女的發展越滿意，就越能肯定自己和自己的人生（自我接納），並且比不滿意子女的父母更覺活得有意義、有方向（人生目標）。自己調教出來的「成品」如何，影響著我們看待周遭世界的眼光，以及我們對後續發展和自我實現的整體感受。當孩子社會適應良好、個體發展健全，我們的心理狀態就比較健康、憂鬱的程度就比較低。有趣的是，此一研究發現孩子的學業與事業成就和我們的健康快樂關係不大。這又更進一步佐證了希望孩子能實現自我是一個新的目標，專屬於戰後嬰兒潮世代。數據似乎證實了我們這個世代關心他們的快樂更甚於成功。「還記得我們跟孩子說只要他們快樂，我們不在乎他們做什麼嗎？」珍妮說：「到頭來，搞不好我們是說眞的！」

如果孩子的發展影響我們的心理健康，有可能我們的心理健康也影響著我們看待他們的眼光。如果我們對自己的人生很滿意，孩子在我們眼裡可能就顯得很健康、很快樂。在我們看來，他們正按照自己的時間表展開成年初期的人生。但如果我們對自己的人生不滿意，眼裡只看到孩子的問題和侷限，而且將他們視爲我們不快樂的原因，那就可能說明了此項研究當中一個驚人的發現：以成年初期而言，與同一時期的自己相比，認爲子女適應得比自己良好的父母，目前的幸福感極爲低落！

此一發現是那麼違背美國夢的精神（亦即每一代都希望下一代的成就勝過自己），研究者對這樣的數據只能做出一個解釋：當子女在學業與事業上的成就勝過父母自己時，雖然父母的幸福感會隨之提高，但看到孩子比青年期的自己更有自信、更快樂、更善於交際，那些對自己人生不滿意的父母反而會心理不平衡。換言之，適應良好、有一番成就的子女可能讓父母覺得與有榮焉，甚至感同身受地替他們高興，但這些表現出色的孩子也可能引起父母的嫉妒，讓父母覺得他們自己錯過了人生中的機會。至於那些不那麼出色的孩子，由於我們自己的人生不是那麼相形見絀，我們的失望和懊悔反而因此減輕了。③

這是不是我們另一個不可告人的小祕密？我們希望孩子過得幸福快樂，但當他們活出美好人生，我們卻又嫉妒自己的孩子？

用「五味雜陳」來形容可能更爲準確，尤其如果我們把人生的得失加減一番，算

出來的結果是失大於得。就像珍娜特，她老公最近爲了一個年輕美眉離她而去。雖然珍娜特由衷以她的醫生女兒在專業上的成就爲豪，但她也承認自己內心不無黑暗糾結的感受：「我當然希望她好，也很高興她確實做得很好，但她的自信和意氣風發刺痛了我。我找不到更貼切的字眼來形容，姑且說是那股『神氣』吧，我從來沒有她那副神氣。她比我在她這個年紀超前多了，有時候我甚至對她很敬畏。有時候我又覺得嫉妒極了，不是嫉妒她的成就，而是嫉妒她這個人。我不禁要想，如果我在她這個年紀有她那樣的本領……哇！想想我能有的發展！」

但我們的成年兒女沒能實現我們的夢想，更別提超越我們對他們的期待。珍娜特的問題不是我們的問題，如果可以，我們多想跟她交換一分鐘。在我們等待兒女有一

③同前，p. 203。

番作爲或少幼稚一點的同時，我們可以安慰自己說「成長」是一個持續的過程，沒有明確的起點和終點；只要活著就有希望。

我們可能很難知道孩子是否只是現階段如此，總有一天他們會長大、會脫胎換骨。但如果有這一天，或甚至如果沒有這一天，他們做了什麼選擇、把人生過成什麼樣都取決於他們，不是取決於我們。要不要接納我們自己在人生中的選擇才是取決於我們。於此同時，我們仍在等待。

2

等了又等，
該發生的卻沒發生……

全美各地的父母都在等。

等孩子搬出我們家、搬到他們自己家。等孩子中午前起床或天亮前回家。等孩子自食其力，不再向我們伸手。等孩子爲自己善後、表現出個人的特質、攬下一點責任或負起既有的責任。等孩子擺脫壞影響、走出死胡同或脫離虐待他們的伴侶。等孩子採取行動、接受心理諮商、不再惹麻煩或回到正軌上。等孩子整頓好自己的人生，或至少不要再搞砸我們的人生。

我們的孩子已經不是孩子，他們都二十好幾，甚至三十好幾，應該要長大成人了。但即使以我們一致認爲很寬鬆的標準而言，他們還是沒長大，所以我們還在等。

我們等著在步入老年之前好好享受中年。我們總說忙完了孩子的事（把屎把尿、牙齒矯正、駕照、大學學費、夏令營、寒假……）之後要做自己的事，而我們還在等著去做那些事。我們認爲在面臨不可避免的老化之前，中年可能是人生中最好的一段

時光，也可能是最後一段可以享受的時光，而我們還在等著迎向那段時光（儘管以目前而言，我們已經成功延緩了老化，把時間推遲了十年左右——以前的六十歲相當於現在的五十歲，以前的五十歲相當於現在的四十歲）。

我們等著切斷經濟上的援助，或至少把荷包看緊一點。我們等著賣掉大房子、換住小公寓。我們等著去某個島嶼度假，沒有電話的打擾，走出瞎忙的人生，邁入黃金的歲月。我們等著最後再談一場黃昏之戀，或者重新修復舊有的感情，重燃浪漫的情懷，找回曾有的活力。過了二十年以上養兒育女的日子之後，我們等著退休，等著用手上累積的資源重整或重啓自己的人生。這些資源不只包括我們的年金和資歷、權力和地位，還有我們的活力和幽默感、我們走過的歷史、我們把經驗轉爲智慧與圓熟的能力、我們對時光飛逝的警覺，以及我們渴望把握餘生的迫切心情。我們渴望把握僅存的健康、力氣和自理能力，或至少重新定義這一切，開創成年晚期的新人生。

但從密爾瓦基到馬斯基根，從牛頓市到新港灘，全美各地的父母都發現很難如願以償，因爲我們的成年兒女不能如願長大。他們不讓我們去過我們的人生，因爲他們似乎不能去過他們的人生。而我們不明白他們爲什麼不能（儘管我們有我們的揣測）、這種局面該怪誰（除了我們自己），或者該拿這種局面怎麼辦（因爲我們用盡了辦法都沒用）。

在路易維爾，戴孚和瑪莉蓮在等一個兒子完成學業、等另一個兒子爲自己的學業採取一點行動——任何行動都好。在西哈特福德，辛蒂和馬克在等凱特離開勒戒中心。在西雅圖，鮑勃和艾芙琳則在等賴瑞住進勒戒中心。

在波士頓，格蘭琪在等女兒的飲食失調症獲得控制。在鳳凰城和紐約，夏綠蒂和尼克在等雪兒離開那個讓她懷孕的邪教領袖。在柏克萊，蘇珊和比爾在等他們的兒子出獄。在亞特蘭大，席爾維雅和唐恩在等他們的女兒離開家暴丈夫。在匹茲堡，寶拉在等她兒子付她孫子的贍養費，付了她才看得到孫子。在斯克內克塔迪，波妮塔和泰德在等他們的女兒從印度的一間僧院回來。在洛杉磯，伊琳在等她女兒來接她三年前丟給她的孩子。

全國各地都在等。在各個角落，我們問自己也問彼此：「誰曉得要這麼久？什麼時候才結束？」

當我們在他們這個年紀

長大是一個不規則的過程，而戰後嬰兒潮這一代父母的教養方式，在孩子身上留下了或幼稚或成熟的印記。[①]比起我們在孩子這個年紀，他們要爲自己負更多的責

① Terri Apter, *The Myth of Maturity* (New York: W.W. Norton & Co., 2001), p. 182.

任。一方面是不得不然，畢竟我們可不是成天在家烤餅乾（套某位總統候選人夫人❶的名言來說），另方面也因爲我們覺得這樣對他們才好。在我們忙著做事時，我們相信他們會爲自己負責。我們不見得是忙於工作，有些人忙於「自己的事情」，而可能忽略了孩子的事情。兒子身陷囹圄的南西說：「有時候，我覺得他之所以會那樣，是因爲他長大的時候我也在長大。離婚之後，我可能有點太專注在自己身上了——那時的世界和十年前我結婚時很不一樣。在試著找回自己的時候，我對他有點放牛吃草。我可能沒有給他必要的關注，或者爲他做一個情緒穩定的好榜樣。」

根據社會哲學家羅伯特．布萊（Robert Bly）所言，許多我們這一代的父母都教孩子負責任、守規矩、自律自制，但我們也教他們如何迴避這些規範。鑽規範的漏洞是爲人父母的一點點回報，也是一九七〇年代父母們的祕密遊戲。②羅伯特以「無父無母的社會」（sibling society）稱呼我們的社會。在這個社會中，包括我們的同儕在內，許多人都決定要迴避長大成熟的困難。就算年屆半百，很多人還在想當我們長大時會怎麼樣。「我們忙著保持年輕，或許孩子從我們身上感覺到長大不好、成年不是什麼值得達成的目標。」要不是打了肉毒桿菌，早就滿臉皺紋的貝絲說：「我在他們這個年紀時迫不及待想長大。長大代表責任，但也代表獨立。對我們的孩子而言，獨立沒什麼大不了的。除了經濟不獨立之外，他們在各方面從青春期就很獨立，但卻不用負什麼責任。」

❶此指一九九二年美國總統候選人比爾．柯林頓（Bill Clinton）夫人希拉蕊．柯林頓（Hillary Clinton）的名言：「我大可在家喝茶烤餅乾，但我選擇追求我的專業。」（I suppose I could have stayed home and baked cookies and had teas, but what I decided to do was fulfill my profession.）作者意在表達嬰兒潮世代的父母不是在家全職照顧兒女。

②詳見 Robert Bly, *The Sibling Society* (New York: Vintage Books 1996), p.232.

是延後對身分認同的追尋，或只是在迴避？

追尋穩固的身分認同是成年初期的一大挑戰。但在一個結構鬆散、講求及時行樂的社會和鼓勵自我耽溺的文化中，此一追尋的核心問題——「我是誰？」——變得越來越難解答。許多成年的孩子表現出身分認同的障礙，不確定自己的目標、職業選擇、感情、價值和歸屬，沒辦法對自己有確切的認知。這種障礙不只是青春期晚期暫時的適應不良，更成為延續整個成年期的弊病，特徵包括沒有做決定的能力、內在的空虛與孤立感、親密障礙與人際關係障礙、扭曲的時間觀念，以及嚴重缺乏面對工作的能力。③

許多孩子之所以成功度過青春期的認同危機，但卻在幾年後顯現認同障礙的跡象，其中一個可能的解釋在於：他們從來不曾真正解決過認同問題，只是排除或分散了問題。如果他們對目標和價值的選擇只是延續孩提時期的認同和假設，且在青春期不曾重新思考或加以質疑，那麼看在我們眼裡的失敗或放棄（例如放棄最初選擇的志向或婚姻）可能其實是遲來的覺醒——我們太晚發覺他們活在「自動駕駛」的模式之下，他們需要爲自己掌舵才行。

有些孩子以爲婚姻是長大的捷徑，就彷彿一枚戒指、一紙證書和繡上雙方姓氏的毛巾可以讓你自動「轉大人」。這些往往在兩年內破局的初婚，代表著「早閉型認同」（identity foreclosure）的一種類型，亦即當事人採納他人的信念、價值和態度，而未經由自我探索達到自己的身分認同。比起想清楚自己的人生，婚姻可能看似一條

③ S. C. Feinstein, "Identity and Adjustment Disorders of Adolescence," in *Comprehensive Textbook of Psychiatry*, 4th ed., eds. H. I. Kaplan and B. J. Sadock (Baltimore: Williams and Williams, 1985), p. 1762.

較爲好走的路。一旦發現事實不然，隨之而來的就是離婚。他們下意識地嘗試透過婚姻建立自我，或支撐搖搖欲墜的自我，有時候，這些婚姻帶來的後果，是我們的孩子還沒準備好或沒有能力負擔的責任。這就是爲什麼在社會的各個階層，有將近三百萬人成了孫子的主要照顧者。

但也有相反的案例。對某些跌跌撞撞度過雙十年華的成年孩子而言，婚姻提供了建立穩固身分認同所需的條件。「一直到他三十出頭，我們都還很擔心他。」巴迪說：「他沒有目標，什麼事都做不久。他做了一連串沒有未來的工作，換女朋友像換衣服一樣。他愛喝啤酒、愛抽大麻。結果他碰到一個他眞的很愛的女孩子，她說她不想嫁給一個沒有上進心的呼麻鬼，沒想到他很快就振作起來。現在他們不只要買房子了，也在討論生寶寶。」巴迪的太太瑪莉補充道：「我們其他幾個兒子大學畢業就有明確的方向，他們比他早十年達到他現在的成果。我想，有些男人就是要娶了老婆才能開始他們的人生，他就是其中之一。」

身分認同是親密關係和組織家庭必要的先決條件，④我們可能很難判斷孩子結婚時是意圖迴避或加強了對身分認同的追尋，要判斷他們是不是困在「迷失型認同」（identity diffusion）的階段比較容易——這時的他們憑衝動做事，人生似乎隨波逐流、漫無目標、搖擺不定，即使早就過了（我們認為）應該要定下來的時間，他們還是滿不在乎、不負責任。感覺不那麼確定自己是誰、無能掌控人生的任何一個面向，他們看情況做出反應，而不主動選擇一個方向，並朝自己的方向邁進。他們被動允許別人將某個身分認同加諸在自己身上，以此定義自己的身分。在一個市場導向的社會

---

④ Erik Erikson, "The Human Life Cycle," in International Encyclopedia of the Social Sciences (New York: Crowell, Collier and Macmillan Inc., 1968), pp. 286-292

中，把自己的身分認同交給別人是一件再容易不過的事情了。市場導向的社會很樂意替你決定你是誰。市場導向的社會告訴你：人如其衣，人如其車，我們擁有、購買或消費的東西就代表了我們是誰。

早閉型認同和迷失型認同只是開始，不是結束。孩子這才要開始建立核心的自我認同、解決自我選擇的危機、回答「我是誰」的問題。在這個過程中有一個叫做「未定型認同」（identity moratorium）的階段，此時孩子探索、測試並重整可能的身分認同。這是一個掙扎、摸索、尋覓的階段，一度被認爲在年輕人大學畢業時結束，或至少在二十出頭時告終。如今這個階段隨著少壯期越拉越長而延長。「成熟穩重」的目標越來越難達到，尤其是在缺乏傳統社會指標的情況下。對我們的許多孩子而言，成年期成爲一段困難重重的險惡旅程，而不是一個安全有保障、一勞而永逸的終點。⑤

不好意思喔，可是我們自己也有認同危機

當孩子沒在我們認爲適當的時間成長蛻變，我們之所以很難去處理他們的認同危機（或至少也要他們肯讓我們處理），其中一個原因在於我們自己也有認同危機。卸下親職⑥促使我們重新思考、重新整合自己的身分，這是人到中年最重要的心理課題之一。

我們離結束還很遠，就算體認到老之將至、生命有限、選擇越來越少，就算已經老到不能成爲史上最年輕的某某某（最年輕的總統、最年輕的諾貝爾獎得主）或第一

---

⑤ James Cote, *Arrested Adulthood: The Changing Nature of Maturity and Identity* (New York: New York University Press, 2000), pp. 1-3.

⑥ David Gutmann, *Reclaimed Powers: Men and Women in Later Life* (Evanston, Ind.: Northwestern University Press, 1994), p. 7.

個某某（第一個上太空、第一個榮登《財富》雜誌五百強的女性），我們對人生的下一階段卻更好奇、更期待，超乎我們自己的想像。我們看到的是人生新階段的可能，而非侷限，尤其如果我們還很健康、經濟無虞、事業有成，並能從維繫已久的感情中找到愛與支持。我們迫不及待要放大個人的自由、減少個人的責任。

可是我們卡在一個不能改變的角色裡，因爲「親職」還沒結束。我們覺得落後，覺得脫節。我們羨慕卸下親職的同儕，因爲他們已經功成身退，而我們還沒。除非成年期的前半段告一段落，否則我們不能進入後半段。而孩子要是不開始他們的人生，我們就不能告別成年期的前半段。卡洛琳說：「我等了這麼久。等她開始她的人生，我才能開始我的人生。」所有後親職時期的頭痛父母都深有同感。

其他我們未完成的功課

我們可能就像卡洛琳一樣，把孩子對人生的無能爲力當成我們不放手的藉口。然而，面臨中年的心理壓力，我們需要重新思考自己的身分，爲「我是誰」這個問題找到除了「父母」之外的答案，最終正視分離與個體化的課題。我們在自己的青春期可能沒有解決這些課題，在孩子的青春期來到尾聲時卻刺激我們再次思考、重新面對。

人與人之間的分離是一個延續一生的過程。從嬰兒期起，我們就受到失去的威脅——失去我們所愛的人，失去他們在我們人生中占有的角色。而個體化是我們和他人區別開來的辦法，直到成年期的後半段，個體化都還在繼續。我們越是脫離父母的角色，就變得越像一個外人、他人或別人。對孩子而言，我們也是「別人」——你可能想到這種前景就害怕，尤其如果你一心專注在他們的發展上，忽略了自己的發展。

有關分離與個體化的早年經驗，深深影響著我們往後一生如何處理分離的課題。⑦如果我們在童年遭到父母排斥或遺棄，或在青春期時和父母有分離的問題，我們可能會不自覺地將一樣的經驗複製到孩子身上，或甚至讓孩子對獨立產生罪惡感，使得他們不再尋求獨立。每個孩子或有不同，但在成長過程中，他們都會經歷我們在同一階段也經歷過的掙扎。儘管我們有意幫助他們脫離父母獨立，卻也可能在無意間扼殺了他們的努力。⑧爲了讓孩子處理他們的分離焦慮，我們終將必須面對自己的分離焦慮——不論是現在身爲父母的焦慮，還是小時候身爲孩子的焦慮。

兩種殊途同歸的父母

潔西自稱「典型的戰後嬰兒潮世代」——親臨胡士托音樂節，住在群居村，追隨一個搖滾樂團跑遍全國，在三十一歲之前結婚。她覺得很難知道自己有做或沒做的事對孩子的發展有什麼影響。「在他們的成長過程中，我們要嘛是凡事都要介入的父母，要嘛是讓他們自己做決定的父母；要嘛因爲我們相信這是養育他們的正確方式，要嘛因爲我們懶得管，放牛吃草比較輕鬆。我們要嘛鞭策孩子拿出最好的表現，爲孩子安排每一分鐘的人生；要嘛鼓勵他們展現獨特的個性，讓他們按照自己的步調做自己的事，心想總有一天他們會自動自發，而不是受到外力逼迫——不是受到父母的嘮叨或要求。可是結果好像都沒差，兩種父母和成年兒女之間都有問題。我最要好的朋友是那種望子成龍望女成鳳、鞭策孩子好還要更好的父母，結果她有一個孩子嗑藥。

⑦ J. Bloom-Feshbach and S. Bloom-Feshback, eds., The Psychology of Separation and Loss: Perspectives on Development, Life Transitions and Clinical Practice (San Francisco: Jossey-Bass, 1987), pp. 160ff.

⑧ T. Benedek, "Parenthood as a Developmental Phase," Journal of the American Psychoanalytic Association Vol. 7 (1959): 379-417

而我比較是那種讓孩子自我約束、自由發展的父母，結果我也有一個孩子嗑藥。」

為女兒的問題陷入自責時，潔西安慰自己：「身為父母，我或許沒在梅根需要的時候給她足夠的關注，可是艾樂莎很注意她的小孩啊，結果我們殊途同歸。所以這代表什麼？親子教養根本不重要？你怎麼養育他們和他們發展得如何沒有關係？這怎麼可能呢？」

我們堅信孩子的發展取決於我們是什麼樣的父母，因為若是沒有這種可預測性，我們就會無所適從。父母的影響肯定很大，但如果一切都取決於父母的影響，我們沒有一個人會面臨目前的窘境，因為即使我們沒把「對的事」做好做滿，我們肯定也沒做盡壞事吧。我們沒有拋棄他們、毆打他們、讓他們挨餓受凍，或者罵他們又懶又笨、一文不值。

儘管常識告訴我們：孩子成為什麼樣的大人和小時候的教養有關，但我們並不清楚和其他因素相較之下，親子教養技巧的影響力有多大。其他因素則包括遺傳、天生的人格特質、父母和子女之間「合不合」、同儕、文化以及環境的影響。

一般普遍認爲（或誤認），斯波克醫生❷推崇的「寬容型教養方式」（permissive parenting）造成了我們這一代的缺失。我們被慣壞了、寵壞了，所以我們目無法紀、目無尊長。行爲沒有受到約束的孩子，長大後可能很難適應一個需要自制的世界——這是很合理的假設，但我們一樣可以合理假設：這樣的孩子可能很歡迎、甚至很渴望受到約束。

不管是威信型、專制型或寬容型，就連那些每晚指導孩子做功課、督促孩子課內

❷班傑明．斯波克（Benjamin Spock,M.D.一九〇三至一九九八），是美國兒科權威、醫學博士，更是二十世紀最受信賴和最受愛戴的「育兒之父」。主張要疼愛孩子而不要一味嚴加管教，並鼓勵家長尊重孩子，故也有些社會評論家曾說他是「縱容主義之父」。

外各種活動、把孩子每分鐘空閒都排滿、相當投入孩子升學計畫的父母，在這一切結束時也會鬆一大口氣。然而，在爲他們做了這麼多之後，很多父母卻不再插手，把孩子的教育和訓練留給他們自己。我們還記得父母對我們的雄心壯志，以及父母爲了推我們走上他們要的方向所採取的嚴厲手段，於是我們決心讓孩子選擇自己的未來。大專院校不再代替父母管教子女，聯邦法律賦予大專院校新的角色，並在父母和校方之間豎起一道牆，將我們貶爲子女教育的旁觀者，除非孩子允許，否則我們甚至不准看他們的成績。許多父母索性放棄了協助孩子的責任，不管是選課、規劃及準備未來，還是找出學歷和將來就業機會之間的關聯——那是學校老師的工作。結果許多孩子懷著不切實際的志向離開高等教育的保護殼，他們的志向沒辦法落實到任何一條明確的就業道路上。專業人士供過於求，專業職缺沒那麼多。⑨這對我們和他們而言都是當頭棒喝。

誰的時候到了？

成熟和獨立不一定隨著大學文憑而來。我們假設一旦大學畢業就可以自食其力，因爲我們記得自己當初就是這樣（不管實際上是怎麼辦到的）。我們沒有體認到孩子畢業後面臨的現實情況大不相同。到頭來，完成學業不代表他們就不再需要我們的情感和經濟支援，不管是畢業當時，還是直到幾年之後。

有些人不覺得困擾，至少一開始還不覺得。如果負擔得起，我們可以供他們念研究所、旅行、嘗試一些「有趣的事情」，或甚至只是遊手好閒。在認眞看待人生之前，他們有一段寬限期可以蹉跎。我們假設時候到了他們就會認眞起來。但對某些孩子而言，這個「時候」延了又延，尤其是那些學藝不精、理想不明確、身分認同模

⑨ Cote, *Arrested Adulthood*, pp. 166-169.

糊、心智不成熟的孩子。以上敘述太符合邁克的成年兒子了：「他做的都是很容易就能找到、隨便就可以辭掉的工作，那些職務不是非他不可，換成別人也沒差，不需要下什麼苦工，菜鳥也能上手。如果是比較像樣的工作，那就一定有什麼地方不好——破壞生態啦，壓榨勞工啦，妨礙他發揮創意啦。他從這些工作賺取的收入夠他過活，但也只是勉強夠用而已。每次他回家，我老婆總是偷塞一點錢給他，還以為我不知道。他要走的時候，我們家冰箱裡有什麼，我老婆就讓他帶回去。她再這樣下去，他就還是會把髒衣服拿回家洗！我以為他在大學畢業一、兩年之後，就會找到想做的事，立定他的目標，為自己負起經濟上的責任，開始有個大人的樣子。但他都快三十了還是長不大。我們養育他成為社會的一份子，而他生活在這個社會的邊緣。他不是乞丐、流浪漢之類的，但我也不會說他是社會的棟樑。可以確定的是，他不是我期待的樣子。」

成癮、憂鬱和依賴：是繞道，還是最後的終點？

即使贏在起跑點上，而且看似前程似錦，我們有些人的孩子卻無法應付成年之後的人生。長大成人比表面上看來更困難、更孤寂、更得不到回報，而且無疑的是更不好玩。於是他們退了回去、縮了起來，躲在青春期和成年期之間的裂縫中，沒辦法或不願意離開。他們以為自己享有特權，但權利被剝奪的感覺卻越來越強烈。這世界似乎不在乎他們長大不長大，或知不知道自己長大了要做什麼。

和純粹只是惹我們不高興、讓我們很累的孩子不同，我們最擔心的孩子不止裹足不前、猶豫不決、一事無成、過早產生倦怠，或失去安身立命的立足點。他們憂鬱、依賴、灰心、害怕、沒辦法或沒興趣前進。他們誤入酗酒和嗑藥的歧途，掉進具有毀滅性的感情裡，機會越來越渺茫。在我們看來，他們似乎走上了無法回頭的不歸路。

於是，最好的情況是我們很挫折，最壞的情況是我們很驚恐。他們沒能發揮潛能，我們覺得被耍了。上一輩或許有一些我們認為不對的做法，即使我們知道自己沒有重蹈上一輩的覆轍，但這和下一輩的發展似乎沒有關係。這種結果至少有一個意料之外的好處：我們（終於）學會不再為了自己的發展責怪上一輩。

親子教養是一件說不準的事情，帶有許多我們無法控制的因素，包括運氣在內。雖然我們知道長大成人意味著為自己的人生負責，不管兒女的所作所為造成什麼後果，他們都該自己去面對，但有時我們就是很難撒手不管。在他們邁入成年期的最初幾年，我們常會攬下他們的問題，只要可以就替他們解決，而不是讓他們（以及我們）忍受嘗試與犯錯的痛苦過程。對我們來說，更難的是接受「我們或許有哪裡做錯」、「或許是我們害了他們」的可能性，然後放下我們教養方式的結果，並拒絕讓這個結果毀掉我們的餘生。

3

到底誰的錯？

都是因為我在外地工作。
都是因為離婚的緣故。
都是因為我給他們太多。
都是因為我們付出得不夠。
都是因為我們不夠嚴格。
都是因為我們管太嚴了。
都是因為我們做了壞榜樣。
都是因為我們有哪裡做錯。
都是因為……

關於我們多做或少做的事、有意或無意犯下的錯、眞實或想像的罪名，這張「都是因爲……」的罪狀清單可以無限延長。在世界的某個角落，或許有不會自責的父母，但我個人還沒遇過。就算遇到了，我可能也不會相信他們。畢竟，內疚是爲人父母自然的反應，我們多多少少都會爲了成年兒女的問題責怪自己。

爲了孩子帶給我們的失望，我們內心隱隱作痛。內疚就像是在捍衛這份心痛。內疚確保我們繼續受到煎熬，因爲我們當然應該備受煎熬。內疚讓我們無法原諒自己，因爲我們怎麼可以原諒自己？

內疚把他們的事變成我們的事。內疚不只讓我們有責任，而且讓我們有力量——有力量導致他們落入現在的局面，也有力量（要是我們知道怎麼做就好了）挽救這個局面。

可是當初我們沒有這種力量，現在也沒有。

親子教養的兩大迷思

有錯和無辜的父母都覺得內疚，這種內疚來自親子教養的兩大迷思。一是多數父母都相信有一帖神奇的處方，可以防範孩子出問題或落入現在的窘境，而我們不知道那帖處方是什麼。二是所謂的「我的錯條款」——只要他們長大了就不是我的錯，只要他們還沒長大就是我的錯。

當然，這兩種迷思都不是真相，所以它們才叫迷思。但無論誰告訴我們那是迷思，我們都不盡然相信。自我譴責、自我怪罪，以及源源不絕的內疚，是我們對成年兒女的失敗、缺點和困難的反應。如同某位作家在談及女兒多災多難、顛簸不平的叛逆青春期時所言：「她不乖。她是我生的。如果一間工廠好不好端看它製造的產品如何，那我就是個糟糕的母親。」①

以下是我們怪罪自己的一些事情：

- 偏離、反抗或拋棄我們被灌輸的價值觀。
- 沒有給我們的孩子一個宗教信仰。
- 教養方式太寬容或太放任。
- 把我們的期望投射在他們身上。
- 寵他們或溺愛他們太久。
- 害他們在單親家庭長大。
- 害他們太早熟。

---

① Lara Adair, *Hold Me Close, Let Me Go* (New York: Broadway Books, 2002), p. 19.

- 保護太過，害他們太天眞。
- 對他們期望太高。
- 對他們期望過低。
- 太專注在自己身上，沒去注意他們。
- 需要他們塡補我們內心的空虛。
- 過度補償我們以前不能供給他們的東西。
- 出於我們的需要而非他們的需求對他們付出。
- 管教過度。
- 管得不夠。

眞實情況是我們或許犯了或沒犯以上的錯誤，但這不代表是我們的所作所爲造成他們的問題，就算眞的是我們造成的，也不代表我們現在能做些什麼。

「我絕不會重蹈我父母的覆轍。」

所有父母都有爲了親子教養的過錯而內疚的時候。有時候，這種內疚甚至可能是活該；傷害已經造成，有些過去就是無法改寫或抹滅。儘管有些事情不是一句「對不起」就足以彌補的（像是虐兒、棄之不顧、沒有保護孩子，或我們自己有酗酒嗑藥的問題），然而無論童年的處境有多艱難，韌性較強的孩子長大之後還是過得很好，尤其是那些能夠吸引他人關注、讓他人彌補我們過錯的孩子。但在我們或他們心目中，內疚自責通常和我們所犯的錯不成比例。

「我總說我絕不會重蹈我父母的覆轍。我也確實沒犯他們犯過的錯。只不過我犯了其他的錯。」我無數次聽到和我聊的父母這麼說。成年兒女過得還可以的父母這麼說。成年兒女過得不好的父母也這麼說。然而，儘管我們可能還記得父母犯了什麼錯，說起我們在他們手中受過的傷害，我們可能會自憐自艾地一一細數，並且用反其道而行來畫清我們和他們的界線，但我們卻不清楚自己確切犯了什麼錯。我們覺得內疚，但不知道為什麼內疚。我們責怪自己，但不知道要責怪什麼。在孩子理當為自己負責時，我們替他們攬下責任，甚至把他們的問題和失敗當成我們的問題和失敗。

戰勝內疚

偶爾也有過得不好但很懂事的孩子，在我們免除自責或內疚之前，他們就先寬恕了我們。報名參加戒毒計劃的海瑟給她母親安德莉雅一個擁抱，安慰她道：「不是妳的錯。我不知道我在勒戒中心會怎麼樣。我真的很怕自己可能好不了。但我向妳保證，我有一個快樂的童年，而且我一直都知道妳愛我。不是妳的錯。」但像海瑟這樣對父母的諒解很罕見，更常見的情況是孩子怪罪於我們，把責任和過錯都推到我們頭上。他們比任何人都知道我們的罩門和弱點。他們知道怎麼激怒和操弄我們。他們知道怎麼讓我們相信他們的不幸和痛苦、他們對這世界的失望、世人看不見（或不在乎）他們有多特別……的種種，都是我們的錯。如果讓他們得逞，他們就可以擺脫責任了。如果我們爲他們的人生發展負起責任，他們就不用負責。而只要我們還負責的一天，他們就一天不會負責。

作家安妮．羅伊普（Anne Roiphe）的長女有毒癮和酒癮，並且患有愛滋病。她在書中敘述了自己探究問題根源的歷程，我對她的剖白格外有共鳴。「我內疚了很久。」她寫道：「我才剛戰勝內疚一點點而已。」② 由於孩子的爸也有酒癮，她「像

② Anne Roiphe, *Fruitful* (Boston: Houghton Mifflin, 1996), p. 228.

抓住救生圈般抱緊基因遺傳這個理由，在內疚之海中載浮載沉」。

時間回到一九五〇年代。在那個年代，當媽媽的被認爲是孩子所有情緒問題的根源，而我的姊姊犯了當時所謂的「精神分裂」。過了十二年之後，她才被確切診斷爲躁鬱症。但到了這時，我母親早就被內疚淹沒，自己也染上酒癮。她認爲（不，她「知道」）是她把我姊姊逼瘋的，到死她都不放過自己。而在她過世前，許多在成年初期顯現症狀的精神疾病，早已被證實與基因遺傳有關，像是躁鬱症和思覺失調症。安妮．羅伊普也不放過自己，至少無法完全放過。「基因給了我一個託辭。」她寫道：「就像某種拙劣的不在場證明，但基因……不是全部。」最後，她以自我催眠般的口吻，彷彿但願能減輕一點罪惡感地下結論道：「不是我的責任。我不是**唯一一個**要負責的人。」

童年的回聲

格蘭琪從來不做穿高跟鞋不能做的事，去年她第一次去跑波士頓馬拉松，還是在她六十歲生日那天。她說：「這是爲了分散我的注意力，不要老是去想那件事。」那件事指的是她二十七歲女兒艾比的飲食失調症，直到現在她仍然想不透。格蘭琪自己有一個高壓、自戀的母親，儘管她決心不要重蹈母親的覆轍，但她讀到的很多資料都更讓她覺得艾比的病是她的錯。在接受治療一年過後，艾比自己也不斷向格蘭琪提醒這些資料。「他們說厭食症是對童年時無力感的反應。因爲覺得很無力，所以強烈需要握有控制權，讓自己挨餓就是爲了掌握控制權。厭食症通常好發於控制狂和自戀狂父母的女兒身上。」她沉吟道：「我不認爲自己很自戀，但說不定我其實很自戀。自戀在我們家代代相傳。」

某些社會學家指出，自二次世界大戰以降，有越來越多人被自戀狂父母養大，一代接著一代產生了更多的自戀狂。覺得自己「有資格」的心態隨之越來越強，而這種心態被認爲是我們的孩子許多問題的根源。我們鼓勵他們相信自己的獨特，但這種信念也導致他們不合理的期待——期待別人都把他們捧在手掌心，期待萬事盡如他們的意。我們這一代的教養風格又偏向於寬容型，較不主張專制的作風。寬容型的教養風格也加強了這些期待，以及自認有資格的心態。③「希望孩子成爲自己的翻版很自戀嗎？」佩姬納悶道。她的孩子確實是她的翻版。「若是如此，那我就是個自戀狂沒錯。」克里歐補充道：「我們不都是自戀狂嗎？而且，養育我們的上一輩不也跟我們一樣嗎？」

咳咳，或許吧。某種程度的自戀不止健康，而且有必要。不管是對維持自尊、理想和企圖心，還是對擁有愛與同情的能力而言，一定程度的自戀都是有必要的。事實上，我們的文化講究一個人呈現出來的形象，在這樣的文化中，自戀是一種很有用的特質。儘管如此，自戀也有不健康的一面，像是需索別人的愛與崇拜無度，藉以壯大和膨脹自我價值感；善於呈現自己的形象或許是成功的捷徑，但也可能導致無所不在的空虛感。

格蘭琪對自戀在家族裡代代相傳的描述可能很準確。我們和父母的差異很重要，但我們和父母相同的地方甚至更重要，雖然我們比較少去看這些相同之處，甚至看到了也不承認。格蘭琪回憶道：「艾比以優異的成績從哈佛畢業那天，我跟我媽說：『看到沒？到頭來，我畢竟是個好媽媽。』」格蘭琪對她母親說的話，凸顯出我們有些人需要孩子有出息，如此一來，我們才能對老一輩的人（通常是媽媽）說我們做得很好。但艾比的厭食症蓋過她其他方面的成就，使得格蘭琪轉喜爲憂，內心只剩嚴厲

③ James Cote, *Arrested Adulthood: The Changing Nature of Maturity and Identity* (New York: New York University Press, 2000), pp. 95-98

的自責。厭食症證明她沒把女兒照顧好，因爲她沒有持續給她無條件的愛。

與其內疚，不如後悔

雖然無條件的愛是至高無上的法則，但絕大多數的父母都很難持續做到。事實眞相是，我們對孩子的愛帶有各式各樣的條件，其中一個要件就是：他們要能實現我們的完美父母夢。珍妮說：「從外公外婆、爺爺奶奶那裡得到的才是無條件的愛——只要是我的孫子孫女我就愛，他們不必做任何事來爭取我的愛。我的孩子要做的可多了。」

在養兒育女這件事情上，我們有很多動機都不單純。我們可能需要孩子來滿足自己未能滿足的需求、彌補自己童年的匱乏。但當時是當時、現在是現在，我們再怎麼願意爲他們的問題負責也沒用，只會免除孩子自己負起責任的機會。

我們都知道納西瑟斯的神話，納西瑟斯愛上了自己在水面的倒影。戰後嬰兒潮世代向個人成長及心理諮商的領域尋求解答，而在一些書籍當中（例如愛麗絲・米勒〔Alice Miller〕的《幸福童年的祕密》〔心靈工坊出版，二〇一四〕），我們找到了我們以爲的原因：父母的自戀。這是一個萬用的解釋，看似很符合我們的經驗——在我們的經驗裡，我們必須藉由滿足父母的情感需求來「爭取」他們的愛。格蘭琪諮詢的厭食症專家試圖說服她：有大量研究資料顯示，父母的自戀不是飲食失調唯一的原因，甚至不是主要的原因。事實確如這些專家所言，推崇纖瘦苗條、將肥胖視爲人格缺陷的文化無疑也是一個因素。艾比是在搬到洛杉磯之後開始對「瘦」走火入魔。在洛杉磯，只要穿不下S號的衣服，再有自信的人都會覺得自己是個肥婆。但格蘭琪聽不進這些專家的話，她幽幽地說：「都是我的錯。」而艾比樂得幫她證實這一點。或許是想讓格蘭琪說不過她，艾比欣然怪罪在格蘭琪頭上。我們不禁要想起納西瑟斯神話中的另一個角色——回聲女神艾珂。艾珂害天后朱諾抓不到捻花惹草的丈夫，朱諾為懲罰艾珂而奪去她說話的能力。由於只能重複納西瑟斯說過的話，無法向他一訴情衷，艾珂「傷心欲絕，日漸消瘦，終至形銷骨毀」。④

為了人生中的困難與迷惘尋求心理諮商的年輕人，往往會將出乎意料崎嶇難行的成長之路怪罪於父母。像格蘭琪這樣攬下所有過錯並不會讓艾比更容易好起來，只會讓她落入情緒依賴的陷阱。就跟她母親多做或少做的任何一件事一樣，情緒依賴也可能是她飲食失調的重要因素。不管我們再怎麼崇尚無條件的愛，它都是知易行難的一件事。我們告訴子女：「沒有人會像我那麼愛你。」對某些孩子而言，這句話成了自我應驗的預言。❶

不管是不是眞的做錯了什麼，陷入內疚無法自拔還不如承認自己不是完美的父母，並允許自己為此感到後悔，如此一來反倒對孩子比較有幫助。我們也不必攬下孩子對我們的負面評價。他們要怎麼想是他們的事，我們唯一合理的反應，就是接受他們的想法在他們心目中是事實。與其內疚，不如後悔。後悔能幫助我們和他們都向前走，不再踏上回頭路。

我爲什麼視而不見？

如果成年兒女的問題是從青春期（或甚至更早之前）就有的老問題，我們可能比較有心理準備。除了身爲父母的缺失之外，我們可能會覺得還有其他原因可以解釋。若是如此，我們就比兒女成年才出問題的父母超前了幾步。本來有自信、有能力的孩子，後來卻出了嚴重的問題，在訝異之餘，措手不及的父母也急著想找出原因——任

④ Thomas Bullfinch, *Cupid and Psyche and Other Fables* (New York: Modern Library, 1996), p.49.

❶ self-fulfilling prophecy，心理學術語，係指預設心理使自己的預期成真。

何原因都行。於是，這樣的父母嚴厲譴責自己對一些「警訊」視而不見、聽而不聞，絲毫沒注意事有蹊蹺。

很多時候，事前沒有任何徵兆。安德莉雅說：「我第一次知道我女兒海瑟有問題，是當她問我能不能幫她付勒戒的費用時。我問她：『勒戒什麼的費用？』她說：『我有海洛因毒癮。』我覺得晴天霹靂。我對她的狀況一無所知。她的人生看起來一帆風順啊！我心想，這不是我女兒的世界，我闖進別人的世界裡了。」

安德莉雅繼續說：「我對自己的女兒什麼都不知道。我很難面對這個事實。她一直說：『我不是妳認為的那個我。我不是妳心目中理想的形象。我沒辦法再維持那個形象了。如果妳放不下，那我們多談無益。』」

有很長一段時間，安德莉雅反覆回想海瑟童年和青春期的每一分鐘，試圖找尋被她忽略的蛛絲馬跡，相信有線索能解開她百思不得其解的疑惑。「我問她：『我做了什麼？我一定做了什麼。』但她說：『好了，可以了。媽，不是妳的問題，是我的問題。』我花了好久才把她這句話聽進去，聽進去之後，我才不再覺得是我的責任。『放過自己』可能是我平復過來的第一步吧。」

如同兒女在成年之後突然走偏的其他父母，就算安德莉雅回到過去，找出海瑟染上毒癮的原因，她可能也無力阻止。畢竟，孩子後來有什麼發展，我們不是唯一的決定因素。以爲一切操之在我們不止太過狂妄，而且最終會讓我們很挫敗。

如今海瑟已經成功戒毒三年了。「但這是誰的功勞呢？」安德莉雅苦笑道。「她不讓我爲她的毒癮自責，所以我也不能爲她的康復居功。我希望她不會故態復萌。但如果她眞的又走回頭路，我知道那不是我的錯。三年前我可說不出這種話。我花了好多時間做心理諮商，才明白我怕如果我對她的問題撒手不管，那就等同於放棄她。但正因爲我最後終於做到放手——她要不要好起來是她的事，不是我的事——我們才能繼續維持緊密的母女親情。」

當徵兆就在眼前

更多時候（事實上是絕大多數時候），警訊一直都在。「打從生下來，他就需要關注，哪怕是負面的關注。」蘇珊這麼說她現年三十歲的小兒子喬許。他因爲非法買賣贓物（把電腦零件賣給臥底警察），被判三到五年有期徒刑，目前服了三年的刑期，就快出獄了。「當然，他跟我們說他不知道那是贓物。但你要怎麼相信一個對你說謊說了一輩子的孩子？」蘇珊的先生比爾說：「他永遠也不會說實話。就算被你當場逮個正著，他都可以看著你的眼睛，信誓旦旦地把黑的說成白的。」蘇珊哀傷地附和道：「你也想相信他。天啊，你眞的很想相信他。但經過一次又一次，結果都證明他說的是謊話，你知道你就是不能相信他。」

喬許的青年期就像青春期一樣，不斷爲父母帶來痛苦與失望。他們灌輸他正確的價值觀。他們教他要尊重別人和別人的財物。他們想不透爲什麼他就是「不受教」。蘇珊是景觀設計師，比爾是大學教授。他們在柏克萊有一棟手工匠風格的漂亮房子，後院開滿鮮橘色的罌粟花和散發甜香的木蘭樹。坐在美輪美奐的後院裡，他們看起來比實際上蒼老許多，聽起來就像在審判結束、喬許獲判有罪入獄時一樣挫敗。

這不是他第一次誤觸法網。「十四歲時，他因爲開贓車被抓——他偷了鄰居的車。」比爾回憶道：「他說那不是他的錯。他只是附和他的朋友。我們幫他請了律師，他沒被判刑。後來他開始擅闖鄰居家，沒偷東西，只是闖進去。」比爾轉頭問他太太：「我們是那個時候幫他找心理醫生的嗎？」蘇珊點頭道：「那次我們幫不了他，他進了少年感化院。醫生說：『不要幫他。他需要學一點教訓。』」

有一段時間，讓他學到教訓的目的似乎達成了。喬許完成高中學業，上了大學。

「在他大學一年級耶誕節放假回家時，我注意到他戴了一只很昂貴的手表。」蘇珊說：「我沒直接問他，我知道他會對我說謊。而且，坦白說，我不想聽到他的答案。」

那年稍晚，他因爲偷了學校體育器材室的設備被捕。儘管父母請的律師極力爲他辯護，他還是獲判要去縣立監獄蹲六個月。「我們以爲他這次總該學到教訓了吧。」比爾說：「顯然還是沒有。但賣電腦零件讓他坐牢這件蠢事是最後一根稻草，我們不會再出錢幫他請律師。」

兒子的麻煩是自找的，年復一年幫兒子脫困讓這對父母體認到：再繼續解救他也只是徒勞。他們盡力不要爲他的失敗自責，也獲得了一點成效。「我們或許失望，但我們沒有責任。」比爾堅定地說。蘇珊補充道：「我但願他不在那裡，去探監的痛苦難以置信，就連那身囚衣看起來都跟他格格不入。唯一一個好處在於至少我知道他人在哪裡。我不用等著電話鈴響，電話那頭的人告訴我他又惹麻煩了。即使我不認爲我們還能做什麼來扭轉局面，他還是有機會改變他的人生。他必須自己做選擇。但就算他做不到，他還是我們的兒子。我們永遠不會背棄他。」

我們頂多只能做到「夠好」

身爲父母，我們都會犯錯。對於能不能（或甚至想不想）以孩子的福祉爲優先，有時候我們的心情很矛盾。英國心理學家唐納德．威尼科特（Donald Winnicott）寫道，「夠好的母親」教導孩子她不是全能的，她就算盡力，也不盡然能爲孩子的每一個願望和需求著想。在每一個人的人生中，失去和挫折都是必經的。透過將心比心地理解、包涵或包容孩子的挫折，「夠好的母親」能給孩子面對不如意的能力。⑤

⑤ D. W. Winnicott, *Collected Papers* (New York: Basic Books, 1958), p. 223.

我們多數人都是「夠好」的父母，但我們還是會一遍遍想著自己做了什麼、沒做什麼、有什麼不該做卻做了、有什麼該做卻沒做。我們咬緊某一個特定的事件，彷彿那是後續一切壞事的線索。格蘭琪說：「我在她三歲時對她大吼的那次。我吼她說：『妳再這樣我就走掉，而且我再也不會回來。』她就是從那時候開始出問題的。」蘇珊說：「我們第一次請律師幫他脫罪的那次——要是那時候就讓他面對後果，或許他就會學到教訓了。」

困在內疚與自責之中，我們無法接受和哀悼自己所失去的，也無法將孩子從我們的失望底下釋放出來。我們反覆檢討過去，忘了我們對他們的現在要負的責任很有限。沉浸在「當初」使我們不能活在「當下」。但現在才是我們唯一使得上力的時候——如果對他們的人生使不上力，至少對我們自己的人生使得上力。

4

孩子並沒有眞正的離巢……

對許多成年的孩子來說，他們在工作、感情、居住的安排等各方面，發現生活不容易，以致於二十多歲這個階段的許多嘗試都以錯誤收場，現實情況不只出乎他們意料，而且令他們大失所望。畢竟，我們很少教他們失敗的滋味。他們相信未來的發展端看現在做的決定，感覺現在做的決定將讓他們賭上自己的人生，於是他們猶豫不決、迷惘無助。就像莉莉一樣，他們面臨所謂的「青年危機」——動盪不定、變化無常，以及太多的選擇，令他們無所適從、驚慌失措。①他們對人生意義與自我實現的追尋，滿是不安、拖延、憂鬱、否認和依賴的痕跡，其中尤以依賴爲甚。

遙遙無期的空巢期

這年頭，空巢期遙遙無期的現象稀鬆平常，就好像過去半世紀以來一切都沒有改變，尤其是對戰前和戰中出生的「沉默世代」而言。這個世代的人還記得青年人曾經普遍與父母同住，即使到了結婚以後，年輕夫妻也是一邊繼續住在老家，一邊存頭期款準備買自己的房子。他們在一九五〇年代搬到郊區，在那裡把我們養大。但我們一長大就迫不及待展翅離巢，建立我們自己的家。

我們所建立的第一個家，通常是和人分租的公寓。合租的室友越多越好，以便共同分攤每個月的房租。然而這些公寓給我們的「獨立」，蓋過了缺乏隱私與有欠舒適的缺點。有了孩子之後，不管我們是繼續住在市區，還是基於和我們父母相同的理由搬回郊區，我們都假設孩子一旦長大，他們就會追隨我們的腳步離家獨立。

可是他們沒有。他們現在或許長大了，但很多人都還沒離家。而且有許多孩子往往離開了又回來，一次又一次。

---

① Alexandra Robbins and Abby Wilner, *Quarterlife Crisis: The Unique Challenges of Life in Your Twenties* (New York: Tarcher/Putnam, 2001), p. 3.

原因有很多。隨便一個年輕人、年輕人的父母、社會學家、人口學家和經濟學家，都可以滔滔不絕說一堆原因給你聽——就業市場不穩定，專業職缺、管理職缺或創意職缺太少，而抱負遠大、大學學歷的求職青年太多；房屋費用一飛沖天，孩子已經習慣的生活水準高過他們所能負擔；當你一直都享有性自由，它就沒什麼大不了；比起我們和父母那一代的關係，我們這一代和子女的關係一般更爲親近和平等。在所謂「成年初顯期」（emerging adulthood）這個相對新興的領域，一位專攻該領域的心理學家說：「這些年輕人眞心敬愛他們的父母。」②而「獨立」不像傳說中那麼美妙，尤其如果你初離家庭保護、邁入成年世界的經驗不符你的期待。

在「家的港灣」和「離家獨立」之間來來去去的過程，就許多方面而言都和童年早期類似——心理學家瑪格麗特．馬勒（Margaret Mahler）以「孵化」和「補充燃料」來形容這個練習分開和獨立的階段。③有時候，當工作、感情和生活起了變化，回家是一個暫時的緩衝。有時候，回家則是爲了追求某個兩代人都認同的目標。如果孩子是借助於我們的力量爭取改善人生的機會，④或者他們做的是我們所認同的事，我們多數人都願意提供相當的協助。珍娜特的女兒任職於非營利機構，她的工作收入低但有意義。珍娜特說：「對任何一個賺得像她那麼少的人而言，想都別想要住在市區。而她做的事對社會很重要，這是我們教給她的價值觀，我們也對她能奉行不悖引以爲豪。如果和我們一起住是她唯一的辦法，那就這樣吧！何況有她在身邊眞的很

---

② Jeffrey Arnett, "Emerging Adulthood: A Theory of Development from the Late Teens through the Twenties," *American Psychologist*, Vol. 22 (2000): 469-480.

③ M. S. Mahler, "Symbiosis and Individuation: The Psychological Birth of the Human Infant," *Psychoanalytic Study of the Child*, Vol. 29 (1974): 89-106.

④ William S. Aquilino, "The Returning Adult Child and Parental Experience at Midlife," in *The Parental Experience in Midlife*, eds. Carol D. Ryff and Marsha M. Seltzer (Chicago: University of Chicago Press, 1996), p.70

好。我們現在比以前處得還要好。」

兒女回巢對我們的衝擊，有一部分取決於我們對他們的發展有何期望。兒女的發展影響了我們對回巢這件事的觀感。我們的中年經驗和孩子的生命歷程密不可分，即使是在他們已經離家之後，對於要給他們多少經濟和情感的支持，他們的轉變左右著我們的選擇。讓他們回家住只是其中一種支持的形式，但卻對我們的日常生活有最強烈的影響。

「家」是孩子邁向成熟之路的中途補給站？還是角色轉換失敗時的避風港？這決定了我們對他們回家的觀感。孩子回家如果是爲能負擔進修的費用、存錢買自己的房子，或甚至幫忙我們照顧他們的祖父母，那可能代表他們不是要重新依賴我們，而是在養成自己獨立自主的能力，我們和他們同住的感受就會比較正面，即使不見得會減少衝突。近來的研究顯示，有四分之三的父母表示和住在家裡的成年兒女有衝突，最常發生的爭端包括家事的分配、金錢、與其他家人的相處，儘管酗酒、嗑藥、熬夜、朋友和工作也是吵不完的癥結所在。⑤

離巢和空巢比以往花更多年的時間——這麼說純粹是在陳述二十一世紀的事實，不是在允許我們或他們的失敗。但很多時候，成年的孩子之所以回家或從來不曾眞正離家，是因爲他們沒辦法控制自己依賴家裡的衝動。與父母分開的過程一般是在青春期結束時完成，伴隨這個過程而來的焦慮使他們陷入癱瘓，導致他們延長了對我們的依賴。對於他們在遭遇挫折時會回家求救，沒什麼好訝異的，因爲我們很少讓孩子覺得有理由得不到父母的幫助。該值得訝異的反而是他們一旦回家就不急著離家；不過從他們的角度來看，他們何必急著離家？

⑤同前。

他們也知道自己不是唯一到了二、三十歲還和父母同住的人。對絕大多數成年的孩子來說，離家不再是單一事件。有四成的青年女性和五成的青年男性在大學畢業離家之後又一再回到家裡。完全從我們的屋簷下搬到他們自己的屋簷下可能要花上十年。在這段期間，兩代之間在現實情況與人生需求上的衝突，使得我們許多人既沮喪又疲憊，既氣憤又苦惱。

時間沒了，耐心也沒了

如同莉莉的母親和許多像她一樣的父母，雪莉也快要沒有耐心了。她那二十八歲的兒子山姆已經四度離家又回家，她看得出來他遲早又會跑回家。

他們家位於休士頓郊區一條滿是好房子的街上。大學畢業後，山姆搬出綠樹成蔭、獨門獨戶的父母家。雪莉說：「他一搬進第一間公寓，我們馬上跑去看他。」個子嬌小、身材豐滿的雪莉頂著一頭黑色的鬈髮，抹了一嘴鮮艷的口紅。在私立學校教法文和西班牙文的她這星期放假。山姆和姊姊茱蒂（順帶一提，茱蒂在達拉斯當律師，過得還不錯）在雪莉任教的學校接受昂貴的教育。這也是雪莉爲什麼接下教書工作的原因，否則他們負擔不起學費。「給他們一個好的開始，後面的路他們就會自己走穩來——至少我們的計劃是這樣。」

她還記得他們到山姆住的第一間公寓看他。「父母總是不斷把孩子留在某個地方——幼稚園、夏令營、大學。父母的心情很矛盾，一方面覺得『呼！眞是鬆一口氣』，一方面覺得『天啊，我一定會很想他』。當我們把他的家具從箱子裡搬出來、把他的櫥櫃鋪上防塵布之後，在回家的路上，亞特對我說：『這次我們眞的要放手了。』我們兩個都很高興。我說：『親子教養這門課，我想我們及格了，是吧？』他說：『我想我們得了個甲上。』」

頭髮禿了但臉色紅潤、一臉慈祥的亞特補充道：「接下來，正當你慰勞完自己，終於又開始爲自己著想起來的時候，他們回——來——了！可是，欸，你能怎麼樣？他是你的孩子，你不會讓他流落街頭挨餓受凍。」

山姆的工作都做不久。過去八年，他在九家不同的行銷或顧問公司待過。在待業期間，有時候他就把衣服、電腦和音響搬回他的舊房間。亞特說：「他找得到工作，只是做不久。」雪莉補充道：「或者不想做。」

他們不懂山姆爲什麼工作換來換去。「或許他太強勢。或許和他共事很難。或許是個性的問題。但他通常撐不過試用期，六個月左右，要嘛他辭職，要嘛他們開除他。我們從來不清楚來龍去脈，也不想問他害他難堪。」亞特說。

雪莉補充道：「肯定不是因爲他做不來。他很聰明。他大學可是以班上第三名的成績畢業。我們說的也不是低階的工作，而是薪水很高的好工作。他的第一份薪水比我教書教了二十年的薪水還高。當然，隨便一份工作的薪水都比教書要來得高，但話說回來……」她越說越小聲。

亞特是一名電子工程師。他很訝異這一代人換工作換得那麼快。長達三十五年的時間，亞特只爲兩位雇主做過事，他兒子做最久的工作卻只勉強做滿一年。「頭幾份工作，他等找到新工作才會告訴我們。後來變成先回家住，直到找到下一份工作爲止。新的工作維持幾個月，他又回家住了。在現在這份聽起來比以前都要低階的工作之前，他就在樓下的房間裡計畫東計畫西、安排會議、設法找到人支持他那些構想。他稱他在樓下的房間爲『全球總部』，我問：『什麼東西的全球總部？』他說：『我的全球總部。』坦白說，我覺得他太好高鶩遠了。他活在幻想的國度裡，幻想擁有自己的公司，幻想在三十歲前賺到第一桶金。」

雪莉接著說：「我告訴他：『孩子，你最好快點，三十歲近在眼前。』」山姆現在在達拉斯工作，但他母親並不樂觀。「上星期他打電話給我，我聽得出來他這份工作又出問題了。他說：『媽，你們先不要把房子賣掉。』我說：『親愛的，我們錯過賣點了。上次我們本來可以賣個好價錢，但你住在樓下，所以我們不能賣。』」

山姆的父母想靠二十年前買的這棟房子賺一筆，如此一來，亞特就可以提早退休，雪莉就可以不再教書，他們就可以搬去墨西哥開一間民宿。幾乎是從山姆大學畢業起，他們就在計畫搬家。他們趁週末去聽餐旅服務業的講座，學習這一行的基礎，他們笑道那是「民宿經營傻瓜入門班」。但很顯然他們的計畫不只是白日夢，妨礙他們實現夢想的是兒子一再拖延展翅離巢的時間。

雪莉說：「上星期我在看一些舊照片，有一張是茱蒂兩個月大時我餵她喝奶。我還記得自己身為一個新手媽媽，在半夜兩點胡思亂想，做著為人母親的白日夢……孩子在妳懷裡吸啊吸，妳在這邊想啊想，突然間，我的腦海浮現一個老女人的畫面。她全身都是透明的，裡面空無一物，油盡燈枯。我心想：我有一天也會變成那樣，整個人什麼都不剩！一個當媽的怎麼會有這種想法，對吧？那都是將近三十年前的事了，但現在我又有了這種感覺。我想去過自己的日子。我要我的人生！」

是幫他，還是害他？

亞特覺得山姆要是沒有他們的幫忙和支持就活不下去，但雪莉不是那麼確定。「如果我們沒有一個家讓他可以回來，而他因爲沒工作付不出房租，那他是會找一個工作好好做下去，還是他會落得……我不知道，做一些收入微薄的工作，住在鐵皮屋？我們一直問自己這個問題。事實上，我們常常爲此爭吵，幾乎吵到決裂。有一次，我氣得搬出去住，還跟亞特說：『你要是這麼擔心他，就自己和他待在這裡好了。』」

在雪莉看來，他們的差異很明顯。「我認爲給孩子那麼多幫助既害了他也害了我們自己，但亞特認爲我們不盡量幫孩子才是在害他，就算我們必須犧牲自己。在我們認識的人當中，孩子的處境和山姆一樣的父母似乎都有相同的問題：父母的幫助是否摧毀了孩子自助的動機？坦白說，我已經厭倦理解他、支持他、呵護他、照顧他了。我個人就是再也不樂在其中了。如果讓他吃點苦頭，不要讓他覺得反正有家可回，有什麼不如意就可以放棄，我想這才是在幫他。要是沒有我們當靠山，說不定他會更努力，或抱著更腳踏實地的目標。」

「可是這樣他就會被他不喜歡的工作困住。」亞特說：「我們怎麼能坐視不管？」

「現在被困住的是我們，不是他。」雪莉說。

他們倆都對。他們倆也都不對。但他倆的歧見反映了父母對青年兒女的問題最常表達的兩種觀點，尤其如果孩子將近三十歲還不能自立：是我們「欠」孩子的，我們要繼續支持他們和他們的夢想（即使是我們認爲不切實際的夢想）。或者：藉由收回經濟、情感和生活起居的援助，我們鼓勵他們自食其力和獨立自主。社會心理學家泰莉・艾坡特（Terri Apter）稱前者爲寵壞的迷思、後者爲成熟的迷思，⑥換言之，我們有些人爲成年兒女做得太多，有些人又做得不夠。

迷航人生

我們循著黃磚路❶般的生命軌跡長大成人，但這條軌跡在過去二十五年間鬆動瓦

⑥ Terri Apter, *The Myth of Maturity* (New York: W.W. Norton & Co., 2001), p. 28.

❶ 黃磚路的典故來自《綠野仙蹤》，故事中女主角要沿著黃磚路到翡翠城找大魔師。

解了。在各個社經階層，教育、工作、婚姻和親職彼此間的關係越來越薄弱。孩子的成年期看起來和我們的成年期不一樣。由於缺乏我們以前的許多指標，像是事業、配偶、孩子、房貸，他們的成年期不是那麼具體明確、較爲個人主義，而且較難定義。我們以前的指標似乎不適用於他們的人生，抑或和他們的人生步伐不一致。⑦打從我們在他們這個年紀以來，社會、經濟和科技都有了變化。我們的孩子更難成爲上一輩典型的大人，甚或我們這一輩典型的大人。戰後的每一個世代都將青春期給延長了，從模糊而延長的青春期進入模糊而延長的成年期比較是一種心理現象，而不是以角色轉變和傳統意義來界定。初入社會對我們來說很令人雀躍，但對他們來說卻很憂鬱，尤其如果我們鼓勵他們相信自己的特別，現實情況卻證明他們沒什麼特別。

對我們的孩子而言，成年期失去了許多舊有的結構和意義。對我們來說，所謂的中年也在改變。（我們稱自己現在的人生階段爲「中年」，即使活到一百二十歲的人並不多。）我們沒有要坐著等死；我們更早退休，展開職業生涯的第二春，憑手上握有的資源和我們的韌性建構不同的人生。我們的孩子不是唯一覺得「有資格」的人。我們也覺得自己有資格，更有甚者，這個資格可是我們掙來的！我們期待有更多自我發展的機會。我們期待有更高的自主性。對於修正人生的方向或迎向新的挑戰，我們也有一堆選擇。我們還有很多想做的事，而且我們打算竭盡所能保持年輕（當然，這是指以目前的年紀而言的年輕），保持得越久越好。就如同我們的文化偶像所唱的：「希望我在變老之前死去。」❷

⑦ James Cote, *Arrested Adulthood: The Changing Nature of Maturity and Identity* (New York: New York University Press, 2000), p.6.

❷此句歌詞出自一九六五年何許人（*The Who*）搖滾樂團的〈我這一代〉（*My Generation*）一曲。

不留轉寄地址

鮑勃和瑪麗蘇把開船環遊世界的夢想延後到最小的孩子上大學之後。才剛付完一艘四十六呎遊艇的訂金，他們的長女凱倫就帶著她一歲大的兒子泰迪回家了。「她的婚姻吹了。她不只心碎，而且沒錢。」瑪麗蘇說：「可是有好幾個月的時間，她都沒辦法振作起來找工作。」在那幾個月和之後將近兩年，鮑勃和瑪麗蘇不只供她住、幫她帶孩子，還負擔她的日常開銷，以及一份涵蓋女兒和孫子的健康保險。他們也支付凱倫心理諮商和職業訓練的費用。「到了她帶泰迪搬去他們自己的公寓住時，泰迪已經大到可以上托兒所，她則有一份法庭速記員的好工作。」鮑勃說：「這時我們也把船都整理好，可以舒舒服服住在船上，於是我們準備把房子賣了。接著，傑森回來了。他自己創業的高科技公司垮了，而他賺錢的時候沒有存半毛錢。他回家住了八個月左右，結果他一搬出去，又換我們的二女兒來敲門。她和男友分手、辭了工作，照她的說法是要回家思考她的未來。」

他們覺得不能拒絕她。「畢竟，我們讓她的姊姊和弟弟回來過。」瑪麗蘇說：「可是當她推掉一個又一個工作，因爲這些工作不適合她，鮑勃就失去耐心了。她回來住了一年之後，他說：『我們要搬走了，而且我們不會留下轉寄郵件的地址，如果非得搞成這樣的話！』」他們登出吉屋出售的廣告，警告還住在那裡的二十七歲女兒，照鮑勃的說法「她白吃白喝的日子不多了」。但西雅圖的房市不景氣，他們的四房農莊花了將近一年才賣掉——「比我們計劃退休時估的預算少了五萬。」瑪麗蘇懊惱地說。

他們搬到船上，可是環遊世界的計劃不如預期。啓航三個月，瑪麗蘇就心臟病發。幸好他們停泊在夏威夷的碼頭，恰巧不在海上，所以能夠好好接受治療。「兩星期後，我們就登出遊艇出售的廣告。」鮑勃說：「我們已經有點太老了，即使沒有心臟病發這件事，反正還是有可能縮短行程吧。體力上的勞動比我們想得粗重，而且，到了出發當時，我想我們都習慣老樣子了，適應不了生活模式的劇烈改變。如果早個五、六年，情況可能不一樣，但我們沒機會重來。」

回到陸上之後，這對夫妻開始找房子。「我們不要一個大得能容納孩子們的地方。」鮑勃坦言不諱道。最後他們落腳在一棟濱海大樓的兩房公寓，有一間客房可讓一個孫子偶爾過來住一陣子，但容不下一大家子。這就是這對夫妻要的。「你說我們怨不怨孩子害我們不能去過自己的人生？」瑪麗蘇自問自答道：「或許有一點。我想我們從沒料到自己要照顧孩子這麼久。但當你面對的是自己的孩子，你就會把自己排在第二順位。養兒育女就是這樣，不是嗎？」

我們這一代人不斷被父母灌輸罪惡感與責任感。他們一再提醒我們不要忘記他們為我們犧牲了那麼多。我們竭盡所能不要對孩子重複一樣的嘮叨。「可是當孩子已經長大、能夠照顧自己了，我們也不願意再犧牲下去啊。」吉拉說。她認為她只欠成年的孩子一份大學教育。「為了讓他們得到他們想要的，我就應該放棄自己想要的嗎？」她問。「這個問題的答案是『決不』。當然，發生危機就另當別論了。萬一發生危機，比方說你的成年兒女生了重病，那你就得做該做的事，其他什麼都免談。否則，他們就要為自己的夢想負責。就好像……我完成了我的任務，現在輪到你完成你的任務。珍重再見，慢走不送！」

父親不意外地較母親更能忍受孩子歸巢。這反映出早年是由女性負起多數家務和教養的責任，不管我們是不是既要上班也要持家的職業婦女。潘妮說：「現在他們大了，不再是小麻煩，可以當好夥伴，他很樂意讓他們回家。他會說：『放著家裡好好的空房間不住，跑去別的地方付房租幹嘛？』嘖！為孩子等門、洗衣、煮飯的可不是他。要是我說了算，那孩子就會住在別的地方——任何地方，只要不是我們家都好！」

不管我們對孩子歸巢有什麼感受，如果他們沒有目標、計劃或預計離巢的時間，他們回來住限制了我們享受自由和保有自主的機會，那我們可能只得牙一咬將他們掃地出門。

5

獨立的挑戰

這世上也有父母非得介入成年兒女的人生不可，但我們不是那些人。我們有等了好多年想做的事。對於剩下的人生，甚至是對下個星期，我們有我們的計劃。我們的計劃不包括他們。「別擔心我們，我們會過得很好。」我們急著向他們保證，而只要他們不擔心，我們說的是真的。只要偶爾接到他們的電話、信件或電郵（尤其是附上照片的），我們就心滿意足了。他們來拜訪我們的時間，最好長到能讓我們了解他們的近況，又短到讓我們可以保持和顏悅色。珍妮環顧向來很整潔、但被她的兒孫搞得一團亂的房子，說道：「我很高興看到他們，但我也等不及他們離開！」

成年兒女人不在身邊不代表他們就成功脫離我們了。黛博拉二十歲離家，但她沒有一天不需要媽媽的關注，沒有一天不需要媽媽幫忙做決定或解除危機。不管是晚餐要煮什麼、去開會要穿什麼、鞋跟斷掉怎麼辦，還是訂好的婚約毀了怎麼辦，她都第一個打給媽媽艾蜜莉，黛博拉需要她的建議與認可。二十七歲的派崔克還是跟個青少年一樣，沒事就愛挑釁他父親；不管唐恩多想好好和兒子相處，兩人相處不到幾分鐘，派崔克就會故意激怒他。三十歲的艾咪已經自己行遍世界各地，但只要她的父母沒先告訴她就出遠門，或甚至只是不在家裡，她就會很緊張。貝琪和艾爾的三個兒子都私奔了，他們怕爸媽不贊成他們娶的太太。

我們可能準備好要卸下親職了，但如果成年的孩子沒我們幫忙就不會處理事情，如果他們沒有自己的信念、價值觀和態度，如果他們只能活在我們的影子底下，如果他們還是很氣或很怨我們，如果他們只要做了我們不贊成的事就很心虛、很焦慮，那他們就沒有離家獨立，他們只是不在我們身邊而已。即使我們想放手，他們也似乎不能讓我們放手。在某些方面黏著我們不放，在某些方面又無視於我們的存在，怪我們太冷漠或太關心，失敗時堅持要我們解救他們（卻又頻頻讓我們為自己的失敗內疚），不成熟的大孩子榨乾我們越來越枯竭的精力，陷我們於沒有勝算的處境。而只要我們沒辦法對他們的要求相應不理，他們就會讓我們揹負過去的枷鎖，從過去爲他們現在的問題找藉口。

無論親子間的關係多緊密或多疏遠，我們只想參與成年兒女的人生，不想負責管理他們的人生。但有時我們沒得選。某些過度依賴的情形需要我們的關注，甚至是我們的介入。我們不會袖手旁觀看著罹患厭食症的女兒餓死，或罹患思覺失調症的兒子在外遊蕩。我們不會對女兒臉上的瘀青視若無睹，任由她被另一半家暴。我們不會無視於兒子的自殺企圖。但即使是在這麼極端的情況中，我們就算竭盡所能也可能不夠。無論我們給他們多少幫助，到頭來，他們的人生是他們的，要振作要虛度都掌握在他們手中。

勒緊失血的荷包

我們或許不吝惜自己爲他們所做的犧牲，而且我們多數人是眞的心甘情願。可是一旦他們長大成人，我們就不再有義務資助他們。要負擔他們的夢想和野心多久取決於我們——不是嗎？在我的讀書會上，沒人有心情再討論伊迪絲．華頓（Edith Wharton），[1]因爲我們從早報上讀到一名三十歲男子告贏他父親的新聞。父親斷絕經濟援助，不再每個月給他零用錢，他便爲此控告父親，儘管他本身是個合格律師，不但有錢，還有自己的房產。他拒絕了幾份工作，說是他不喜歡。義大利法庭判決這位年輕人「沒有責任從事勞動條件不合個人志趣和專業資格的工作，只要他能在期限之

[1] 美國作家，著有《純真年代》（台灣商務，二〇一六）等書。

內有找到滿意工作的可能性，而家裡的經濟條件又足以支持即可」，①我們看了都不寒而慄。茱蒂立刻取消了她的義大利托斯卡尼之旅。

不同於義大利的體制，我們的法律系統對父母的義務設有時限。儘管我們推崇獨立的價值，但我們也不想看到兒女降低自己的目標。如果單打獨鬥到不了目標，只要我們有能力，父母通常都願意協助子女，直到他們達成目標為止。要幫多久取決於我們的資源和他們的才能，也取決於我們是否贊成他們追求的目標。這個世代的孩子似乎認為延長對父母的依賴無可厚非，我們和他們的觀念或許不同，但我們願意容忍一段時間，如果我們認為只要忍一忍就能讓他們抵達目標，而且我們認同那個目標。

「為什麼要讓他們等到我們死了以後？」

大學畢業時，提姆的兒子克里斯和很多他的朋友一樣，休息了六個月的時間，跑去歐洲旅行。這是已經離異的父母送他的畢業禮物；他的父母都是作家。接著他到IBM上班，一年半後就辭了這份工作。從那之後，在提姆眼裡，現年三十四歲的克里斯還沒做過一份「真正」的工作。

「他試過很多不同的東西。」幾乎獨力把克里斯養大的提姆說：「他看到大學同學都趁著高科技的熱潮賺了錢，他也想如法炮製。」對於如何達成目標，克里斯有一堆源源不絕的點子，像是錄影帶和零食的網路送貨服務、一家媒合房東和房客的公司，還有一家修理二手電腦再賣出去的公司。憑著父母和祖父母的一些援助，他全部試過一輪，也全都失敗收場。提姆說：「我一直跟他說：『你就找個一般的正職工作

① Alan Riding, "Italian Court Rules That Son Knows Best About Leaving Home," *The New York Times*, April 6, 2002.

吧。』但他說：『聽著，爸，你是搞創作的，媽也是搞創作的，我需要透過創業來發揮我的創造力。』」屢戰屢敗之間，克里斯一下回父親家住，一下借住在朋友家的空房間，直到提姆幫他找到一間他負擔得起的公寓為止。自從經濟不景氣以來，他只能找到一連串待遇微薄的工作。提姆持續補貼克里斯的健保、車險、心理諮商費用，以及他「其他花費的約莫一半金額」。

提姆說，克里斯的發財夢「不再能給他動力」，以前他看待人生的自信與樂觀也不復存在，而這才是提姆最擔心的。這也是為什麼他以心理諮商作為繼續接濟兒子的交換條件。「在克里斯的同意之下，我問他的諮商師我能做什麼，什麼對他才是最好的？我該繼續資助他嗎？我該拒絕再為他做任何事嗎？我該叫他至少還一點我借他的創業資本嗎？可是那位仁兄什麼也不肯告訴我。他只說：『船到橋頭自然直。』我想他對克里斯是有幫助，畢竟我付他一小時一百五十塊美金，就是要讓他幫克里斯。但他對我肯定是沒什麼幫助。」

提姆不確定是心理諮商收到了成效，還是純粹隨著時間過去，克里斯就漸漸走出低潮，他的尊嚴和自信又回來了。一連串的失敗一度擊垮了他的自尊心，不只是在創業上，在感情方面也是。「我開始看到一點進展了。」提姆樂觀地說：「他剛開始一份新的工作。不是他理想中的工作，但也不是在餐廳端盤子。我希望他能多注意自己的健康，而且不要再和他的高中死黨鬼混——那些人絕大多數都是好吃懶做、混吃等死。但即使他還是需要我的幫助，至少他比較能打理自己的生活了。」

提姆很幸運有能力供應兒子所需。「我在一個父母爲孩子做盡一切的文化中長大，我也設法爲我的孩子做盡一切。父母幫我們付大學學費；我們第一次買房子靠的是他們給的頭期款；如果他們有錢，他們也會助我們創業……諸如此類的。或許是我自戀作祟，但我不要我的兒子流落街頭，過著行屍走肉的人生。我擁有的超過我需要的，爲什麼不現在就給他？爲什麼要讓他等到我死了以後？」

提姆很投入他兒子的人生——他建議他怎麼過才健康、怎麼吃才營養、該交哪一種朋友、該睡多少覺。「有道是不管孩子多大了，他們總有教化的可能。」他說。

或許吧。但面對成年的孩子，有一件事你教不來或給不了，那就是自給自足。就算成年兒女有能力，有些父母也很少讓孩子管理自己的人生，或支付自己的帳單。這是一個很難擺脫的習慣，但如果我們期望他們養成不同的習慣（亦即自食其力的習慣），那我們就得擺脫這個習慣。甚至還有更多持續接濟孩子的父母，將父母保護兒女的渴望和不讓他們嘗一點苦頭混爲一談。父母保護兒女的渴望是合理的，但不讓他們嘗一點苦頭就不恰當了。這些父母困在一個他們想要卸下卻又卸不下的角色裡。

「我從沒想過到了他三十四歲，我還在資助他。」提姆說：「我很失望。他也知道我很失望。但只要他需要我的幫忙，而我又幫得起，那我就會幫他。可是我跟妳說：要是我知道為人父母要搞這麼久，我可能根本不會當爸。」

和斯波克醫生互依互存

戴孚和瑪莉蓮住在路易維爾市郊一棟穀倉改建的百年老屋裡。在他們以木板和磚頭搭起來的書架上，擺著過去三分之一個世紀的父母書架上常見的書：《父母效能訓練：解放父母，解放孩子》（*Parent Effectiveness Training; Liberated Parents, Liberated Children*）、《兒童行為的化學作用》（*Your Child's Behavior Chemistry*）、《孩子的自尊》（*Your Child's Self-Esteem*）、《養育A型兒》（*Raising the Type-A Child*）、《容易受傷的孩子》（*The Vulnerable Child*）、《蕭瑟的童顏：揠苗助長的危機》（和英出版，一九九八年）。這些親子教養書伴隨著斯波克醫生養育了一代人。

儘管從一九五〇年代起，大眾一般普遍奉行寬容型的教養方式，這對夫婦記憶中的成長過程卻不是如此。小時候，他們受到嚴格的管教，生活規範嚴謹，揹負著爲戰後第一代美國父母實現夢想的壓力。他們不想將同樣的壓力加諸於孩子身上。「比起父母對待我們的方式，我想我們對待孩子寬鬆許多。」瑪莉蓮說：「我和我母親最大的差異，可能在於我認爲用父母的力量或權威強迫孩子做事是不對的，這種做法扼殺了他們學習自律的機會。我總以爲如果我能釐清孩子的問題是什麼，我就能解決這些問題。而我最重要的任務，在於給他們自尊。」

她和戴孚給孩子的可不只有自尊而已。他們二十九歲的兒子托姆是那種萬年研究生，一直對論文的主題舉棋不定。既然有老爸老媽幫他付學費，他也不急著拿定主意。托姆念書念個沒完，小托姆兩歲的傑夫從來不像哥哥，但他是那種畫大餅的夢想家。他在一家新成立的高科技公司賺的錢少得不可思議，但他堅信他的員工股票選擇權最終會值一大筆錢。不幸的是，這家新公司收攤的時候，傑夫不只工作沒了，還有兩萬一千美元的卡債，外加欠他父母一萬五千美元，BMW的車款付不出來，也負擔不起他租的公寓。

戴孚和瑪莉蓮已經幫傑夫紓困很久了，但他從來沒有要償還他們的意思，即使是在他可能可以的時候。他已經一年多沒工作了。他父親回憶道，傑夫辭掉前一份工作時，他告訴爸媽他「太尊重自己的寶貴時間，所以絕不會再回到辦公室裡浪費人生」。瑪莉蓮補充道：「他說他捍衛的是他的時間，他的時間是他的自由。」

傑夫拿他的自由做了什麼很難說，戴孚和瑪莉蓮的自由被拿來做什麼則清楚得多——傑夫說服他們相信自己應該繼續補貼兒子，既然托姆受他們照顧，傑夫也該得到一樣的待遇。雖然優渥的條件容許他們不心疼花在兒子身上的錢，但近來的經濟衰退卻讓他們擔心起自己的財務保障。「我看了看過去兩年我們虧了多少錢，然後我在家裡巡視一圈，把電燈都關掉。」戴孚說。

他不懂傑夫爲什麼不能自動自發振作起來。如同其他允許成年兒女啃老的父母，戴孚和瑪莉蓮相信孩子的發展反映出父母做得如何，而不是反映出孩子自己做得如何。戴孚說，他們花在兒子身上的錢「有時候感覺像是在爲我們少做的事付出代價，但天曉得我們到底少做了什麼。」——這句話就是有力的證據，證明他們相信托姆畢不了業和傑夫不願自力更生都是他們的錯。這也讓他們很容易在情感上和經濟上受到兒子的持續勒索，但只要他們還願意替托姆和傑夫的選擇和失敗負責，兒子就學不會爲自己負責。「我們已經讓他們搭便車搭得太久了，差不多該趕他們下車了。」戴孚說：「何況未來的經濟情況不明，我們純粹就是不能再負擔下去。我可不想有一天落入靠兒子養的處境——這是每一位父母最害怕的噩夢。」他已經告訴托姆，他只會再付一年研究所的學費。「我說：『到時你要是拿不到博士，你就得自己付學費。』一開始他不相信我是說眞的，但他現在相信了。你猜怎麼樣？他在學校裡找了份助教的工作——以前他會說他絕對不做，因爲會占用太多他做研究的時間。除此之外，他已經交出論文的前兩章了。」

至於傑夫，戴孚和瑪莉蓮則告訴他舊債一筆勾銷。「我說：『我們會從給你的遺產中扣除這些錢，如果還剩什麼遺產的話。』」戴孚說：「我不認爲他眞的相信我，直到我把遺囑的附加條款給他看。我也給托姆看了，我跟他說：『必要的時候你得幫我說話。那裡面的錢有一半是你的。』」他們也告訴傑夫他們再也不會提供經濟援助。「他得靠自己。如果他的時間和他的自由這麼珍貴，那他就得找到辦法自己付費。

「我知道這件事他也不相信我，直到車廠收回他的BMW，而我沒跳出來解救他。他眞的氣炸了。他設法從瑪莉蓮那裡拿錢，但我跟她說：『妳敢！他遲早得學到教訓。』」

依照父母所做的決定，傑夫正在重新思考自由的價值，以及他的自由讓他付出什麼代價。「我想他漸漸厭倦漫無目的過生活了。」瑪莉蓮說：「他看到朋友們的人生都在往前走。他似乎根據現實調整了自己的夢想，至少他最近去面試眞正的工作了，不只是在唱片行當店員賺點零花。」戴孚補充道：「上星期，他問我是不是眞的要把他從家裡轟出去，我說：『你和你哥有的時間一樣多——限期一年。』這次，我想他相信我是來眞的。」

付出太多的父母

付出太多的父母之所以付出太多，是基於他們自己的需求，而不是基於孩子的需求。他們出於對愛、關懷或自尊未能滿足的渴望而付出。他們爲了彌補早年的匱乏（不管是哪一代的匱乏）而付出。他們爲了改變成年兒女的行爲或塡補自己內心的空虛而付出。因為不管孩子做什麼都不足以讓父母感覺完整無缺，孩子身為父母過度付出的受益人，永遠都會覺得自己做得不夠。而在這個過程中，他們可能養成被動的習慣，懷著預期心理等別人來供應他們所需，並且相信一旦別人為他們做了什麼，他們就必須滿足這個付出者龐大的需求。②

個性積極主動的蘇珊憑自己半工半讀念完大學，她鼓勵孩子一旦長大就要盡快自力更生。她在孩子青春期時離婚，夢想卸下親職之後就要加入和平工作團。現年五十五歲的她還不確定那一天何時到來，儘管在十五年前老么塔琳申請大學時，她就首度嘗試申請加入這個工作團。

蘇珊很訝異塔琳決定到三千英里遠的地方念大學。她說：「塔琳總是很怕被丟

② Laurie Ashner and Mitch Meyerson, *When Parents Love Too Much* (New York: Avon, 1990), p. 39.

下。我不知道她的恐懼從何而來，但當她還小的時候，我在超市裡甚至不能離開她走到另一排貨架，她一定會大哭大鬧。把她的住宿費匯到波士頓的時候，我興奮得不得了；我想她是用這種方式在告訴我：一切都過去了，現在我長大了。或許她是眞的在說她長大了，問題是這不代表她就眞的長大了。」

在塔琳離開舊金山去上大學的六星期後，蘇珊對她女兒的懇求讓步了。女兒每天求她讓她回家。「有時候她照三餐打回家，每次打來都哭哭啼啼的。」身形苗條、褐色眼眸的蘇珊搭配生動的手勢輕聲細語地說：「我聽了心都碎了。她一直說：『我好痛苦。我要回家。我受不了了。』我很怕她會做傻事。除了同意她回家，我還能說什麼？」

塔琳回到西部，住進她的舊房間，轉到附近的學校。她一畢業，蘇珊就把房子賣了，希望能逼女兒自立自強。塔琳搬進她的第一間公寓，但那裡距離蘇珊的新家才不到一公里。「那時她都二十二歲了，但她還是黏著我不放。我只要出遠門，她就得知道我確切是要去哪裡，以及要怎麼聯絡我。我不在的每一天，她都會跟我聯絡。當她自己去歐洲旅行的時候，雖然那是她計畫的旅程，而且她很期待，但一切就像她大學一年級時的歷史重演。她每天打給我或她爸，說她好想我們。她受不了和我們分開。不到一星期，她就飛回來了。」

塔琳目前是一所中學的行政人員，她已經自力更生十多年了。但在情感上，她還是必須依賴媽媽的肯定、支持和准許。「我一直在等她進入青春期的叛逆階段——我超期待這一天的！可是她從沒叛逆過。」蘇珊說：「她有幾個同齡的朋友，也交過兩任男友，可是儘管我們做了多年的心理諮商（個別或一起都有），還是沒辦法解開她離不開我的癥結，而我已經放棄嘗試了。」

一年前，塔琳失戀了。這段感情沒能帶來她迫切渴望的婚姻或孩子，她決定要借精生子，當一個單親媽媽——在她確認蘇珊同意之後。「經濟上，她可以靠自己。她從祖父那裡繼承了一筆遺產。」蘇珊說：「情感上呢？我不敢說。寶寶或許能幫助她完全斷奶，不再依賴我。她得爲另一個生命負起責任，這是很大的賭注。當她提出這個想法時，我知道如果她眞的當了單親媽媽，我有可能必須介入。萬一她擔不起，我就得接手照顧寶寶。但我願意下這個賭注，因爲我知道塔琳要是從來沒有生過寶寶，她剩下的人生都不會快樂，而我就是沒辦法看她不快樂。」

結果在沒有丈夫但有父母支持的情況下，塔琳決定生的寶寶眞的幫助她變得比較獨立，或至少不像過去那麼依賴。三十六年來，蘇珊第一次覺得不必爲女兒隨時待命。「我終於得到我等了好久的自由。」她說：「可是現在隔幾條街就有我可愛的孫子，和平工作團的吸引力沒那麼強了！」塔琳還是不時打電話或登門拜訪她媽媽，但她似乎不像過去一樣需要她媽媽了。

「如果我跟她說：『不行，妳瘋了，我才不支持妳做這件事。』她還會生下寶寶嗎？我不知道……或許我該讓她接受這種考驗，但是我沒有。」相反的，蘇珊竭盡所能參與塔琳的每一個決定。女兒排卵那天，她甚至負責從精子銀行把捐贈的精子拿到醫生的診間。塔琳生下九磅半重的兒子時，她也在女兒身旁陪產。

「這個寶寶把我們全家凝聚在一起。」蘇珊說：「塔琳的哥哥們很高興在這個寶寶的人生中扮演男性楷模的角色。其中一個哥哥本來住在洛杉磯，爲了離他們近一點特地搬回這裡。她也和她父親重修舊好，不再把我們離婚的事怪在他頭上。而且，有生以來第一次，她爲自己的人生做了決定。所以，誰知道事情會走向這個局面呢？」

眞的，誰知道呢？生一個自己的寶寶不像是通往獨立的捷徑，但至少塔琳有一套許多單親家長都缺乏的支持系統。而她雖然和克里斯一樣，到了三十好幾還在依賴父母，但在她這個世代，有很多人似乎永遠都不能脫離父母獨立。他們對獨立生活的無能可能以其他形式顯現出來，像是厭食症和成癮症，或者把依賴的需求從父母身上轉移到宗教領袖或精神導師身上。但在依賴者和被依賴者之間，心理、情感和經濟的依賴都需要獲得同意，可能是明說，也可能是默許。

和兒女關係緊密到對他們的痛苦感同身受的父母，甚至可能在不自覺間鼓勵了他們的依賴。一般而言，這些父母的自主性較低，和其他人的關係較淡薄。當成年兒女不再尋求他們的意見或徵求他們的贊同，他們往往會覺得失落，並將兒女的獨立視爲對他們的遺棄。一旦兒女的依賴受到鼓勵，他們的獨立就變得極其困難；當親子之間是一種共生共存的關係，獨立就變成不可能的任務。③擅長鼓勵兒女獨立的父母有某些共同的特徵：他們既能滿足孩子的需求，也能滿足自己的需求；他們既肯定孩子獨立自主的價值，也肯定自己獨立自主的價值。

有些成年的大孩子無法負起他們的年紀和人生階段該負的責任。如果沒有我們在身邊，他們會不會就神奇地有了轉變，開始爲自己負責？答案很難說。但如果我們不給他們機會，我們永遠不會知道答案，他們也不會知道答案，尤其是那些被我們認定「不堪一擊」的孩子。他們離不開我們是因爲害怕失敗、不想負責、過度需要我們的認同和關注，或純粹只是懶惰，我們需要認清自己在他們的依賴當中扮演的角色，這不只是爲了他們好，也是爲了我們自己好。如果我們爲成年的孩子提供太多的支持與保護，多到他們沒有必要也沒有意願嘗試去過自給自足的人生，那麼我們就是他們無法獨立的共犯。我們間接鼓勵他們否認自己已經長大成人的事實，並間接導致他們更難達到獨立。我們不習慣把自己的需求和感受看得像他們一樣重，身爲父母，我們習慣把他們擺第一、把自己擺第二。但除非這種情況改變，否則孩子沒有非得放棄依賴

③ M. V. Bloom, *Adolescent-Parental Separation* (New York: Garner Press, 1980), p. 278.

的理由。他們會一直依賴我們，直到我們不再允許的那一天，或直到他們對我們的依賴不再有用的那一天——看是哪一天先來。我們或許不能解救成年的孩子脫離他們自己造成的危機，但我們可以脫離自己盡力解救他們的習慣，否則他們永遠都不能沒有我們。

6

當孩子染上酒癮、毒癮……

爲人父母最難接受的事情之一，就是無論我們多注意，還是控制不了發生在孩子身上的事。就算我們把所有插座都換成安全插座，他們還是會被電到。就算我們在樓梯口裝設安全門，他們還是會滾下去。就算我們教他們拒絕對他們不好的東西，有時候他們還是不會拒絕。

我們不是第一個使用或濫用藥物的世代，但我們可能是第一個以「娛樂性藥物」來稱呼毒品的世代。當還是候選人的比爾．柯林頓堅稱雖然他試過大麻，但他沒有吸進去時，大家都笑了。眞相如何我們了然於心，連那些從沒試過的人心裡也有數。有些人會把年輕時做過的荒唐事告訴孩子，有些人則守口如瓶，即使孩子問起。我們決定：當一個僞君子好過當一個壞榜樣。就連玩得最兇的父母都會設法讓孩子遠離毒品，儘管在面對菸酒之類合法的高成癮物品時，許多人採取的態度是「照我說的做，不要照我做的做」。

青春期的回憶帶有一抹往日情懷的色彩。青春期的嘗試在當時似乎只顯得大膽，不顯得危險。對我們來說，那是成長的儀式，而不是通往毀滅的道路。和我聊過的許多父母都說（至少是那些誠實的父母）：「我們抽菸、喝酒、哈草。每個人都這樣。可是我們沒出什麼事，至少多數人沒出事。所以，當孩子做了一樣的事情，我們沒有該有的擔心。」

往日情懷的危險

現今在全美各地買得到的毒品，幾乎每一種都存在已久，且絕大多數都比以往更刺激，尤其是大麻。舊有的毒品現在有更強烈、更容易上癮且更容易取得的新形式，毒販就像目標百貨、❶通用汽車公司、P&G寶僑家品一樣，充分掌握顧客多變的

❶目標百貨（Target）為美國僅次於沃爾瑪的第二大零售百貨集團。

需求和口味。

某些毒品的興衰似乎與時俱進——大麻、LSD和迷幻蘑菇盛行於迷幻的一九六〇年代，頹廢委靡、自我中心的一九七〇年代流行古柯鹼，快步調的一九八〇年代則流行快克。一九六〇年代末期的多頭市場結束，不景氣時期繼之而來，在各個社經階層，海洛因和其他鴉片類毒品的使用皆有增加。即使安非他命在躁動不安的千禧年之初大肆盛行，海洛因和鴉片至今仍在毒品市場屹立不搖（和廣告商普遍針對的目標客層相同，毒品市場主要集中於十八歲至三十四歲的人口）。一間美沙酮診所❷的所長告訴我：「毒品也有高低起伏的景氣循環，許多我們今日所見的合成毒品和較爲小眾的毒品，以前就以不同的名稱存在過。」

搖頭丸（或稱快樂丸）在二十年前被叫做亞當（Adam）。「我知道在加州馬林縣的婚姻諮商師把它用在配偶治療上，他們以此幫助配偶降低親密障礙。基於相同的理由，在法爾島的男同志也會在夜店或派對上服用。」和這兩個圈子皆有接觸的溫蒂說。「安非他命是我在大學時吃來熬夜準備考試的藥，也是三十三年前我懷孕時婦產科醫生開給我控制體重的藥。而我的繼子在二十三歲時因爲一樣的藥進了監獄。」不諱言自己在第一段婚姻中吃減肥藥「吃出一點小問題」的吉妮芙說：「萬變不離其宗，換湯不換藥。」

她說的沒錯，變來變去還是一樣。「只要爸媽不准的，我就非得試試不可。我的孩子也跟我一樣。」在一趟飛越美國國土的航程中，有個年約五十幾歲的大鬍子男坐我旁邊，他說，「只不過我知道什麼時候該停，他們不知道。爲什麼會這樣？」這是讓我們許多人都頭痛的一個問題，我們找不到滿意的答案。

❷美沙酮為治療海洛因之替代藥物，美國許多地方設有公私立美沙酮診所協助戒毒。

現在不再是寶瓶時代❸了

鮑勃和艾芙琳沒想過要這樣度過今晚——離開他們在西雅圖舒適的家五十公里遠，到一間基督教路德教堂地下室狹窄的聚會所，「這樣才不會碰到我們認識的人。」艾芙琳悄聲承認道。這是他們第一次參加匿名戒毒者親友聚會，比起自己居然出現在這種地方，更令他們訝異的是有好多其他夫妻也在這裡，這些夫妻看起來大有可能是他們的朋友（但幸好不是）。大家都跟他們一樣，有個掉進毒品深淵萬劫不復的成年兒女。這些陌生人聚在一起，互相傾聽，彼此傾訴。面對孩子殘害身心的成癮問題和枯萎凋零的人生，他們爲了自己的無能爲力同聲哭泣。

自從兩年前賴瑞染上毒癮以來，對他的父母鮑勃和艾芙琳而言，比起一切都更難承受的是自己的無能爲力——無能控制發生在兒子身上的事，無能解決他出的問題。

連同其他五味雜陳的情緒，今晚在這個小房間裡，他們的挫折感就跟他們對兒子的憂慮一樣鮮明。而其他人就像他們一樣，大家都是能力很強的人，卻也一樣都是無能為力、挫折不已的父母。

截至目前為止，他們還沒碰過太多他們應付不來或解決不了的問題。身高一百八的鮑勃大學時曾是學校的足球明星，看起來身家雄厚、生活優渥。他將一家小小的五金行拓展成分布三個州的連鎖企業。艾芙琳美貌如昔，看起來依舊是那個姊妹會的甜姐兒。鮑勃帶領校隊打十大聯盟冠軍賽那年，她被選為返校節皇后。她將她應對進退的天分發揮在經營一家團膳公司上，公司小歸小，但生意興隆。鮑勃說：「可是我們從沒錯過一次孩子學校的話劇表演或足球比賽。」艾芙琳比了比其他父母說：「說不

❸在美國流行文化中，寶瓶時代（Age of Aquarius）指一九六〇至一九七〇年代嬉皮和新時代運動的全盛期。

定他們沒有一個人錯過。」如果眞有什麼辦法的話，其他父母就像他們一樣，想知道要怎麼幫助孩子戒毒，並且戒個徹底、永不再犯。

毒品對鮑勃和艾芙琳來說都不是新鮮事。畢竟，他們來自一個十美元就可以買到大麻、偶爾吸食一下迷幻藥不足爲奇的年代。那是一個令他們緬懷的美好年代。但在生兒育女之前，他們就把那一切留在過去。當進入青春期的孩子也抽起大麻時，過去的經驗讓他們能從容面對。「我們把自己的經驗告訴他們，心想他們能從中學到一點東西。」鮑勃說：「當然，我們碰的東西很溫和。海洛因……天啊，誰想得到自己的孩子會碰海洛因？」

對鮑勃和艾芙琳這樣的人來說，海洛因是格外驚悚的一個詞彙，因爲它一直都是「另一個世界的東西」、「不是我們這種人會碰的東西」。但海洛因已經悄悄潛入中產階級年輕人的世界，尤其是以吸入式的形式。當今晚的講者說：「毒蟲的下場只有兩個地方，不是在監獄裡，就是在墳墓裡。」每一對父母聽了都臉色發白。鮑勃和艾芙琳二十五歲的兒子賴瑞就是個不折不扣的「毒蟲」。因爲向臥底警察買毒品而在金郡監獄蹲了六個月之後，他也成了一名重罪前科犯。

「他永遠都會留下這一筆不良紀錄。」他母親哀傷地說：「還記得嗎？永久紀錄，就是他們說會一輩子跟著你、決定你進不進得了好大學的那種紀錄。在這之前，賴瑞一直都保持優良紀錄。」

在老家舒適的獨棟住宅裡，賴瑞的房間看起來就像他青少年時一樣。除了窗外普吉特海灣和奧林匹克山脈的景緻依舊，房裡書架上也還大陣仗擺著成排的網球和足球獎盃。他的鷹級童軍榮譽徽章、國家榮譽學生會獎狀，以及從幼稚園到大學的所有畢業證書，艾芙琳都裱框掛好。罩住兩張單人床的格紋床單現在有點褪色了，釘在書桌上方軟木板上的快照、剪報和入學通知書已經微微泛黃、邊緣捲起，但十年前的希望和夢想似乎像塵埃一樣在空氣中飄盪，和賴瑞現在的眞實情況形成顯著而哀傷的對比。

「我可憐的寶貝。」他母親一邊關上兒子的房門，一邊喃喃自語道。

「長不大的寶貝。」鮑勃的語氣比較嚴厲。接著，他又說：「他怎麼能這樣回報我們？」

那是一種症狀，還是一種疾病？

爲了解開賴瑞爲什麼會變成這樣的謎團，鮑勃和艾芙琳動用了大筆退休預備金，請律師、找心理諮商師，以及支付賴瑞只做了十天就放棄的昂貴戒毒療程。他們細細回想他童年和青春期的每一刻，苦思是哪裡出了差錯。爲了賴瑞到底是罹患了某種可怕的疾病（艾芙琳的觀點），還是缺乏自制力和意志力（鮑勃的看法），他倆吵到幾乎大打出手，或至少吵到分房睡。自賴瑞有生以來第一次，他們沒辦法爲他做什麼。他們做足了功課，但關於如何幫他們的兒子自助，有許多資訊都互相矛盾。

如同許多和他們同病相憐的父母，他們爲賴瑞的問題傾盡情感上和經濟上的資源，結果犧牲了他們自己、危及他們的婚姻、動搖了他們的保障。他們被自責的魅影糾纏——一定是他們害的，即使他們不知道是怎麼造成的。面對不必要的浪費和被背叛的感覺（是的，兒子的自毀讓他們覺得被背叛了），他們覺得很無助。「當我想到自己對他的照顧，我爲了確保他的健康快樂、不虞匱乏所做的一切，營養的食物、新鮮的空氣、看小兒科、看牙醫、學費、家教等等一切……結果……」艾芙琳話說到一半。

「結果他把鼻子湊到不該吸的東西上、把不該打的針刺進自己的手臂，毀掉自己的健壯身軀和大好人生，去他的！不好意思，原諒我的用語。」鮑勃接著把話說完：

「你很想抓住他猛搖，對著他大吼：『你怎麼可以對自己做這種事？你怎麼可以對**我們**做這種事？』」

賴瑞的父母不懂自己怎麼會被兒子傷得這麼深，也不懂他爲什麼要傷父母的心。他們忍不住覺得兒子的毒癮問題是他對他們做的事，而不是他對自己做的事。但痛苦歸痛苦，他們的傷痛是兒子吸毒的副產品，不是兒子吸毒的目的。他們想知道他爲什麼這麼做，以及他這麼做代表著什麼。但可能連他自己都不知道答案，而除非他自己知道，否則他恐怕沒有停下來的一天。

勒戒中心的懇親日

在一個綠意盎然的春日，辛蒂和馬克開車穿過康乃狄克河谷。這天和上次他們開這條路線的那天很像。上次是三年前，他們要去參加女兒從常春藤盟校畢業的典禮。

這次他們則要前往另一個機構，那裡和常春藤盟校一樣昂貴，也一樣不是誰都進得去。二十四歲的凱特在那裡待了二十八天，這回她又要畢業了，但得先等辛蒂和馬克加入女兒和同屆畢業生的父母、配偶或人生中其他重要人物的行列，見過在那裡幫他們照顧寶貝女兒的專業人士。

別的不說，至少辛蒂就很害怕這次的會面。她預期自己會因為失職被批評、被羞辱、被質疑。他們會說她養成女兒的依賴心，縱容女兒變成這樣；她是個毒害子女的媽媽。像她丈夫一樣，她已經築起自我防衛的堡壘，尤其是在心裡否認。因爲儘管他們已經接受凱特酗酒的事實，但他們並不相信她有病。如果她有病，生病的也是她的情緒，上癮只是症狀，不是疾病。只要找到情緒生病的原因，她就能痊癒。

很遺憾他們錯了。上癮就是疾病，不是症狀。成癮症有一定的過程，這個過程是漸進式的，這種疾病是慢性、永久的，倘若不加以治療，致命是不可避免、一貫不變的結果。事實上，辛蒂和馬克不會遭到責怪或羞辱，比起面對最難面對的眞相，遭到責怪和羞辱還比較輕鬆。眞相是：即使家中只有一位上癮者，成癮症也是全家的問題；家裡每個人都脫不了關係，復原對他們和他們的女兒而言都有必要。

對上癮青年的父母來說，復原需要他們卸下自我防衛、接受現實、認識他們在孩子對成癮物質的依賴中扮演什麼角色、明白自責或責怪孩子帶有的危險性。復原意味著明白家裡的人不是問題的癥結，不管是上癮者或父母；酒精或毒品才是癥結所在。許多勒戒中心和支持團體採用所謂的十二步驟療法，這套成癮症治療法教育上癮者和親友：每個人都要爲自己的行爲、感受和復原負責。但對辛蒂和馬克而言，最難接受的事實就是凱特的酒癮不是他們的錯，她的復原也不是他們的責任。

如同其他許多相同處境的父母，他們花很大的力氣自我防衛，不願相信女兒是個酒鬼。也像其他上癮者的父母，他們發展出一套自我設限、癱瘓情緒的應對方式——

否認、羞愧、責怪和退縮。這些反應不只導致他們婚姻關係緊張、破壞他們和其他親友的關係，也剝奪了他們在人生各方面的喜悅與樂趣。「我們怎麼能享受人生？」辛蒂直率問道。「我們沒有一刻忘懷，每分每秒都在想怎麼辦……她的問題要怎麼辦。」

或許我們對這種執念上了癮。儘管所有證據都顯示他們必須自己解決問題，我們還是拒絕相信自己不能替他們解決，也拒絕相信我們唯一能解決的是自己的問題。一位勒戒諮商師就說：「針對每一場家庭諮商，我在最開始都要花一小時告訴父母這件事。但我感覺他們要經過很久才聽得進去，有時得花幾年的工夫。」

許多成年的孩子拒絕承認毒品或酒精綁架了他們的人生。還有些孩子則選擇疏遠我們，因爲他們覺得對不起父母，無顏讓我們知道他們有多失控。他們拒絕我們的幫忙，否認他們需要幫忙，堅稱自己沒事，強調他們可以照顧自己，即使他們顯然不行。

一次氣氛格外緊張的感恩節晚餐過後（最後是凱特在她的座位上喝掛），大凱特兩歲的姊姊瑪希亞向辛蒂和馬克攤牌。「瑪希亞說不管是失去獎學金、取消婚約、被室友趕出來，還是那次凱特說是別人造成的車禍，凱特人生中的所有問題都是因為她控制不了酒癮。這是我們第一次知道她過得有多糟。當然，她不住家裡，我們要怎麼知道？」辛蒂說：「一開始我不相信，畢竟瑪希亞向來很嫉妒凱特。但後來我開始把一切兜起來——有時候我打電話給她，她在電話那頭語無倫次的。她成天沒事跌倒，一下子摔斷手，一下子扭到腳。還有那次出車禍……我倒不是從來沒注意到這些異狀。我的母親有多發性硬化症，發病初期有些症狀跟凱特的情形很像。我從沒告訴馬克我擔心凱特也得了一樣的病，我猜某部分的我除非逼不得已，否則不想面對這種可能性吧。所以，感恩節那天，我沒理會瑪希亞。接著聖誕節到了，凱特醉到不醒人事。第二天，我們提起她喝酒的問題，懇求她尋求幫助，提議要幫她付費，好說歹說說了半天。結果她激動得對我們破口大罵，這下子，我們終於知道瑪希亞是對的。」

不能也不願眼睜睜看著女兒自毀，他們尋求專業協助並動手介入。辛蒂、馬克、瑪希亞，外加凱特的前未婚夫米克、最好的朋友和研究所指導教授，聯合起來當面向她描述令他們擔心的事件、行爲和事發時間。他們告訴她，她的酒癮嚴重影響她的人生，尤其是她和米克的幸福——根據辛蒂的說法，米克還是很愛她、很想和她結婚。瑪希亞上網搜尋、諮詢了幾位專家，並和雙親親自拜訪了兩家勒戒中心，選定了兩套療程要凱特選擇。

凱特拒絕考慮。她否認她有自己解決不了的問題。她告訴他們，她可以不喝酒，她會戒掉。他們提出專家建議的問題反擊她，辛蒂列舉了各種假設情況：「要是妳又開始喝酒呢？要是妳覺得『只要再喝一杯就好』呢？要是妳控制不了自己呢？」凱特對每個問題自有一套答案：「別擔心。我沒事。」馬克說：「那次的介入徹底失敗。」

事實上，雖然沒有成功讓凱特接受治療，那次的介入也不像馬克想的那麼失敗。他們至少讓凱特知道她並不孤單，她可以得到支持與協助，儘管經過幾個月之後她才接受。「我們必須等她自己願意。」她母親說：「就算我們逼她接受治療也沒用，更何況我們逼不來。」

當孩子還在我們的照顧與控制之下，我們或許可以強制他們接受治療。一旦他們長大離家了，我們就鞭長莫及使不上力，只能在他們開口時準備好提供幫助。但即使他們永遠不開口，我們也必須尋求幫助——不是爲了他們，而是爲了我們自己。

在一個家庭裡，面對成癮症的過程始於否認和不相信，終於接受現實，認清我們對孩子和孩子的上癮問題無能爲力。要知道雖然他們的人生可能不受控制，我們的人生卻非如此。學著理解和接受這種處境，從掌管一切（或相信自己能掌管一切）的位置退下來，並學著包容自己的無能，不怪自己改變不了他們的人生。

置身事外

即使那是他們的問題、他們的疾病，很多時候我們卻很難讓他們用自己的方式解決問題，因爲那往往意味著嘗試和犯錯。「你只能做自己該做的事，不能做他們該做的事。」雪萊說。雪萊的兒子阿班承認，早在告訴媽媽之前，他已經染上毒癮很久了。阿班從二十歲起就住在美國的另一頭，雪萊一年只見兒子一、兩次，每次的時間都很短。她不知道他已經和海洛因纏鬥了四年之久。

在這四年間，他用盡辦法戒掉惡習。匿名戒酒會、匿名戒毒會、理性復原療法（Rational Recovery）、美沙酮療法，甚至是他在網路上看到的一套速效戒斷療程，他都試過了。但他似乎就是控制不了自己，一次又一次，他總是又陷了進去。

他不敢讓媽媽知道他有毒癮。雪萊獨力扶養阿班長大。多年來，他是她世界的中心。就算搬到離她五千公里遠的地方，他依然是她的重心。然而，最後他還是守不住這個祕密。藥頭威脅阿班要是再不付清欠款就要殺了他，阿班把能賣的東西都賣了，溜之大吉地逃回家裡。

得知阿班有毒癮對雪萊來說是晴天霹靂，但她向來是個積極面對問題的女強人。雪萊立刻採取行動，找了一間可以住院治療毒癮的診所，並從她的退休基金當中撥了錢出來支付療程。完成三個月的療程之後，阿班搬回家和媽媽一起住，並設法重新開始他的工作和人生。

在這同時，雪萊密切注意他的進展。她詳細記錄阿班參加了幾次戒毒聚會。只要懷疑他老毛病又犯了，她就打給他的輔導員，向他的朋友傾訴她的擔憂與疑慮，在他的床頭留下有關毒癮的書籍、傳單和剪報，檢查他的口袋和抽屜看有沒有可疑的痕跡。整體而言，她就是把他當成小孩子來對待，完全忘記他已經是個大人。雖然是出於好意，但她過度介入阿班的復原過程，反而差點毀了一切。

有很多父母也覺得孩子的復原是他們的事情。「你就是沒辦法置身事外，眼睜睜看著他們的人生一敗塗地。」辛蒂說。但提供幫助（甚至是幫他們出錢）不代表我們有介入的權利，如果我們不能對他們的復原置身事外，他們就很可能不會靠自己堅持下去。

幫倒忙

當「否認」不再有用，我們的第一個衝動是幫成年兒女解決物質依賴的問題。現在我們終於承認，就算他們的性命沒有受到威脅，他們的幸福快樂也受到了威脅。在這種威脅的刺激之下，我們像雪萊一樣攬下責任、接手處理，讓他們變得軟弱無力，無能面對自己和成癮的問題，也破壞了他們對幫助自己或治療自己所做的努力——不管是之前做過的努力，還是現在正在做的努力。接手控制他們失控的人生解除了他們解決問題的責任，並將本該屬於他們的責任轉移到我們身上。雖然我們的出發點完全是好意，完全是爲了他們好，但我們實際上只是鼓勵他們繼續無能、繼續依賴下去。在震驚惶恐之下，我們重新把他們當成小孩子來對待，結果就是讓他們變回小孩子，從依賴物質轉而依賴我們——至少暫時依賴我們。但如果我們有勇氣，其實最好什麼也不做，至少不要立刻就去做。

如果無論孩子多大，我們都很習慣衝過去解救他們，那麼「什麼都不做」就成了難如登天的任務。但就如同在許多危機當中，在這種情況下做什麼都是不對的。我們很少人對成癮症熟悉到能理解的地步，也很少人熟知自己的孩子到能理解他們的成癮症。儘管我們可能曾經很了解孩子的長處與弱點，但現在這些了解都過時了，因爲他們已經不在我們的眼皮子底下，我們不知道他們的人生教給他們什麼教訓，或沒教給他們什麼教訓。當我們看著成年的孩子，我們通常是懷著感性的眼光，看到他們小時候的樣子，而不是他們（幾乎）長大成人後的樣子。我們不知道他們從何時、爲什麼或怎麼會掉進這個深淵，也不知道什麼樣的幫助能讓他們把自己拖出來。

我們一開始採取的行動往往是錯的，例如指責、說教，以及在他們還沒問我們的意見之前就急著出主意。他們顯然控制不了自己的狀況，但直到我們對物質依賴有充分的認識，並學會控制我們接手處理的衝動之前，無論我們做什麼都可能是在幫倒忙。而即使我們忍得住不去怪罪或責備他們，我們可能也忍不住要怪罪或責備自己。

比起採取錯誤的行動，把焦點從他們身上拉回我們身上是相對明智之舉。但就算有充分的理由，怪罪於我們自身都不是明智之舉。「做功課了解他們的問題」和「設法解決他們的問題」是兩碼子事。而爲了了解他們的問題，我們必須找專家指點迷律。專家可以把我們需要知道的告訴我們，尤其是關於先天和後天（遺傳和環境）的因素如何讓某些人特別容易生病——成癮症眞的是一種疾病，而不單是缺乏自制力。就跟做功課認識成癮症一樣，找到支持團體協助處理我們的感受也很重要。和其他有相同經歷的父母一起，卸下心防，從否認到面對，以曾經是過來人的父母爲榜樣。包括匿名戒酒者家屬團體和匿名戒毒者親友團體在內，這些團體能幫助我們了解自己在孩子的成癮症中扮演的角色，以及在我們和孩子分頭進行但齊頭並進的復原過程中，我們又是扮演什麼角色。

對於有物質依賴的人來說，比較正規的心理諮商或治療雖然有用，但心理治療往往是把上癮視爲症狀，而不是問題的原因。所有上癮者最終都要直搗核心，解開與他們的依賴密不可分的潛在心理問題。但無論讓他們深陷其中無法自拔的是什麼物質，在停用這種物質之前，探究心理因素可能只是一種迴避的方式，使得他們不必戒除惡習，甚至提供他們繼續下去的藉口。

然而，心理治療對我們來說就不是這麼回事了。心理治療可能是我們向別人承認孩子是上癮者的第一步。家裡出了這種事本來就會讓我們覺得很可恥、很羞愧，而唯有向別人承認，我們才能得到處理這些感受所需的支持。心理醫生的診間可能感覺像是一個讓我們安心釋放哀傷情緒的場所。諮商師則可以化解或至少緩和我們的內疚與自責，並協助我們了解是什麼樣的家庭系統助長了孩子的問題。

充實自己對成癮症的認識、了解自己在這當中扮演的角色，並從其他同病相憐的父母身上尋求支持、陪伴與理解——這一切感覺可能像是什麼也沒做，因為我們處理的是自己的問題，而不是孩子的問題。但在許多情況下，處理自己的問題不只是對的，而且可能是我們唯一能做的。不管他們發生了什麼事，我們都必須把自己照顧好。如此一來，當他們準備好要接受我們幫助時，我們才能施以正確的援手。

7

愛是接受，更是放手

確實，不管是在世界上的哪個角落，一般（幾乎）都認爲成年的孩子不止有權去過他們的人生，也有權搞砸他們的人生。由於那不是我們所賦予的權利，所以那也不是我們能剝奪的權利。西蒙·波娃（Simone de Beauvoir）說了，我們必須承認他們有他們的自由，包括失敗的自由在內。但當我們看到他們做出錯誤、愚蠢或危險的選擇，「他們有他們的自由」這種想法並不能爲我們帶來安慰。我們毫無疑問、絕對肯定、清楚明白他們的選擇不對，但就算用「我就說吧」來證明我們沒有責任，也無法減輕我們的憂慮、化解我們的恐懼或沖淡我們的失望。不管我們是眞的把「我就說吧」說出口，還是默默這麼想而已，孩子一如我們所料陷入困境或落入不幸，現在他們害怕了、生病了或後悔了，我們有什麼可高興的？我們說對了，但說對了又有什麼好處？

有些降臨在他們身上的災難非他們所能控制，也非我們所能控制，但知道這一點不等於相信它或接受它。理智上，我們或許能夠明白成癮症是一種疾病，不是缺乏意志力的問題。但在情緒上，我們可能還是忍不住覺得：要是他們一開始沒有愚蠢地陷自己於險境，他們根本就不會生這種病。當我們確定只要他們走下床、擠出笑容或無論如何試一試，他們的心情就會好一點，我們就很難記住憂鬱症不是藉口，而是一種精神疾病，要是能夠好好過日子，我們的孩子真的不想過得渾渾噩噩或活得像行屍走肉。而我們絕大多數人都不具備足夠的信心、智慧和肚量，也沒有那麼超然的眼光和那麼沉著的頭腦，可以接受基於某些我們和他們都不清楚的原因，孩子長大之後竟然軟弱到受邪教領袖誘惑、受殘暴的伴侶虐待、染上惡習無法自拔，或落入精神疾病的魔掌。唯一有道理的就是一切都沒有道理。我們就算想破了頭，也可能永遠想不透。

睜大眼睛看清楚

我們跟孩子一樣有權去過自己的人生、做自己的選擇，包括選擇要對他們的狀況作何反應。我們可以選擇否認或接受、支持或拒絕、原諒或責備。我們可以捲進去或袖手旁觀。我們也可以對自己和別人說謊，或者坦白說出眞相。

當然，這些都是極端的作法。當我們被迫必須承認孩子不是我們想要、希望或期待的樣子，多數父母實際上的作法就是落入其中一種極端。然而，睜大眼睛看清楚他們眞正的樣子，反而才是我們應該要做的。

有時候我們會被驚醒。當格蘭琪事隔一年見到罹患厭食症的女兒，或當賴瑞的父母看到他因爲企圖買毒被捕，他們的感覺都是如夢初醒。有時候，內心的感受會迫使我們正視孩子的行爲。這些行爲我們可能一直不承認，或用盡洪荒之力忽視或掩飾，就像當蘇珊看到喬許那隻昂貴的手表時。就像聽到「毒蟲」這個字眼時，艾芙琳打了個寒顫，卻連忙以「復原中的上癮者」取而代之——聽起來是好聽得多，但說眞的，這只是她在哄自己相信兒子想戒毒就能戒毒。芭芭拉會告訴你，喜怒無常只是湯米的個性，他很有創意、很敏感、很熱情、很活潑。這些或許都是眞的，但上次他發病竟然打給聯邦調查局，告訴他們說他知道那些可疑人士是誰了。席爾薇雅既不相信女兒麗茲的眼睛瘀青是因爲撞到門，也不相信女兒是被自己的鞋帶絆倒摔斷了手，但或許是麗茲挑起的，而湯姆肯定不會故意傷害她或孩子。艾蜜莉亞心想吉雅只是挑食，直到吉雅的體重只剩四十公斤，必須注射營養劑。但說出來就等於知道了，而對於決定接下來能做什麼或該做什麼，知道眞相是有必要的。

否認那不可否認的

孩子出了我們怎麼也不願相信的事，縮進否認的殼裡是一種可以理解的防衛反應。而我如果機靈一點、敏感一點，或更政治正確一點，或許就不會在這裡提起同性戀的話題，至少不是緊接在探討成癮症、精神疾病、家暴或厭食症的段落之後（我漏掉犯罪行爲了嗎？）。同性戀和以上這些疾病或狀況完全是兩碼子事（我說得夠清楚了嗎？），但這不代表多數父母都能欣然接受。當蘿貝塔跟不同種族、不同信仰的人結婚時，她的父母極力勸阻。他們問她：「這世上的婚姻問題夠多的了，妳爲什麼非得自找更多麻煩不可？」她已經很多年沒想起父母的話了，但在兒子向她出櫃時，首先浮現她腦海的就是這句話。幸好她把話吞了回去沒說出口。

種種跡象和心裡的直覺或許終究會迫使我們打破沉默，直接去問孩子我們懷疑了很久的問題。凱菲說：「我一方面想讓她知道告訴我沒關係，我完全可以接受；一方面又想聽到她說：『拜託，媽，別鬧了，我當然不是同性戀。』可是我知道她是。我一直都知道。」

至少凱菲在漢娜出櫃時沒試圖把她塞回櫃子裡。二十三歲的威廉宣告自己是同性戀時，茱莉駁斥說他當然不是。史提夫在二十七歲出櫃時，艾瑟和麥克斯告訴他說那只是一時的，過了這個階段就好了。直到現在，艾瑟只要遇到任何單身、迷人、沒什麼可疑之處的年輕女性，她就會把史提夫的聯絡方式留給對方。艾琳告訴彼德說他可能是雙性戀，但他絕對不是同性戀——他們家族裡每一個人都是異性戀。維吉尼雅和卡爾稱安妮的女友爲她的室友，並對彼此和任何一個問起的人說三十四歲的安妮只是還沒找到對的人。

性傾向不是孩子自己選的；他們是被選上的。就跟眼睛顏色、耳朵形狀、絕對音感、把東西拆掉再重組的嗜好……等等與生俱來的特質一樣，他們（和我們）不能控制也沒有責任。這件事你知我知，所有的專家也都知道，除了把同性戀視為另類或異端的衛道人士不知道以外。（什麼東西的另類？什麼東西的異端？琴恩想要知道。在前往佛羅里達州爭取同志平權（尤其是她兒子領養小孩的權利）的路上，她宣告道：這無疑是除了活在櫃子裡、隱瞞眞實的自己之外，另一種迥異的生活方式。）

同志父母的眞心話

琴恩的汽車保險桿上貼了一張貼紙，貼紙上寫道：「同性戀是天生的，就像偉大是天生的。不是你選它，而是它選中了你。」但在內心深處，我們還是隱隱懷疑或許不見得如此。就連嬰兒潮世代中最有知識、閱歷最廣、思想最開放的父母，都不禁暗自懷疑。基於我們自知或不自知的原因，我們有些人懷疑或甚至確定：是我們的孩子

（尤其是女兒）選擇了他們的「性狀態」——蕾克西寧可用這種說法，也不願用「性傾向」或「性別認同」之類的說法。她滿懷希望也充滿防衛地說：「你不必是傑瑞．法威爾①也會覺得：或許只要在對的時間、得到對的幫助，甚至是碰到對的人，事情就會不一樣。」

這種希望就算有微乎其微的可能，那也不重要。事實上，社會科學家普遍認爲：人類的性傾向從絕對的同性戀到絕對的異性戀程度不等，多數人的性傾向取決於挑起自己情慾的人屬於哪一個性別。而自己的情慾會被哪一個性別的人挑起，也非我們所能控制。但那又如何？不管專家怎麼說，不管孩子或我們有多適應同志身分這個鐵錚

① Jerry Falwell，美國電視布道家、保守派反同志牧師。因其激烈的反同立場，同志人權團體稱其為「偏見代言人」及「反同產業創辦人」。

錚的事實，我們還是會心痛。因爲我們知道他們的人生在許多方面都可能因此更不好過，也因爲我們覺得夢想破滅了——不只是我們自己的夢想，還有我們爲他們勾勒的夢想。

有些父母像琴恩一樣，爲了同性戀子女的法律、社會和公民權而戰。這種精神很可貴也很重要。有些父母陪在自己的孩子身邊，做他們的後盾，並敞開雙臂和心扉歡迎其他被父母拒絕的孩子。有些父母懷著這只是個過渡期的希望，告訴自己孩子總有一天會改變，所以何必費事讓親戚知道？此外有很多、更多父母，不費吹灰之力就接受了孩子的性向，遑論勸阻他們——這些父母珍惜自己的同性戀子女，並歡迎他們的伴侶和情人參與他們的人生、加入他們的家庭。茱莉說，也有些父母從不覺得子女的性向令他們苦惱、擔心或失望，她但願每個同性戀子女都有幸擁有這樣的父母，尤其是她自己的子女。但她會迫不及待告訴你，她自己深深體認到：到頭來你有什麼感覺都不重要，重要的是你怎麼做；她已經假裝了好久（假裝同性戀很正常、假裝她從來不覺得難過），假裝到後來，她再也不會像以前一樣，站在童裝櫥窗前掉眼淚，知道自己永遠也沒機會爲孫子買嬰兒連身裝。

跟著魔笛的笛聲走

幾年前，緩慢通過機場安檢時，我一開始還沒怎麼注意那個一身橘色長袍、剃了個大光頭、手指輕敲鈴鼓的年輕男子。在他身旁有個面容姣好但眼神空洞的女伴，她把傳單塞進經常與我同行的旅伴手中，我這才注意看了他們一眼。我發現這女孩是我認識的人。以前我都在一早六點去接她，她會帶著她的滑雪板和便當袋。那時，她和我的女兒都是三年級，她倆一起上滑雪課。我努力回想她的名字，但只想得起她的母親是芭芭拉。芭芭拉選擇退出輪流開車的共乘計畫，因爲她不敢在積雪的路面開車，但她爲參與共乘的孩子和媽媽們織了成雙成對的手套和帽子。我心疼的是芭芭拉，而不是她的女兒。我心疼芭芭拉和其他像她一樣的父母，他們的孩子把對他們的依賴轉移到邪教領袖、神棍或自稱是救世主的人身上，放棄自我，切斷與家人之間的羈絆，追隨一個承諾帶來救贖或永生的權威形象，一心效忠於令父母擔心害怕、困惑不解的生活圈和生活模式。

賽門就讀於史丹佛大學三年級時，在帕羅奧圖❶的咖啡館認識了一個甜美可人、講話輕聲細語的女孩子。他跟她回到附近山上的家裡，和她的家人共進晚餐。結果所謂的家人其實是她在統一教的教友。傑克和瑪莉下一次聽到賽門的消息，是他從土爾沙❷的統一教之家打電話來。再下一次是從華盛頓州，之後不到一個星期則是從喬治亞州。「他們讓他搬來搬去，總是離他上一次打來的地方有一段距離，或甚至隔個幾州。」瑪莉說：「而且他的電話總是遭到監聽。」傑克和瑪莉從他們的牧師那裡聽說了一個退出統一教的人，他們花錢請他去把他們的兒子帶回來，但這位前教徒在試圖拯救賽門脫離統一教魔掌時被抓了。法律保障人民自由參與團體組織的權利，傑克苦澀地說：「即使這件事根本沒有自由可言。」賽門偶爾還是會打電話回家，但傑克拒絕和他說話。他不甘心自己的兒子「拋棄了大好人生」，也很氣他的太太持續不斷、全心全意地投入一個邪教成員親友的支持團體。他斥之爲「瞎子帶領聾子」。他很失望賽門「寧可在街上行乞」，也不願接下傑克花了二十五年做起來的生意。他說：「他只是一具被洗腦的行屍走肉，再也不是我的兒子。」

夏綠蒂三十三歲的女兒小雪住在亞利桑那州的一個「靈修社區」，她和那裡的領

---

❶帕羅奧圖（Palo Alto）為美國加州的一座城市，毗鄰史丹佛大學。

❷土爾沙（Tulsa）為美國奧克拉荷馬州東北部的一座城市。

導者生了兩個孩子。根據夏綠蒂的說法，這位領導者和他門下的女教友一共生了九名子女，小雪的孩子是其中兩個。夏綠蒂說：「我永遠也搞不懂。在我爲女兒想像的各種未來當中，這個地方從來沒有出現在我的雷達螢幕上。」

夏綠蒂是個五十開外的時髦女性，一身珠光寶氣，看起來光鮮亮麗。五年前和前夫離婚之後，她爲了離小雪和兩個孫子近一點搬到鳳凰城。從那之後，她就有很多機會和女兒口中的「師父」接觸。她在這裡爲自己打造了新生活。她代表地方上的珠寶商，從她採光充足的露台公寓指揮坐鎮，把珠寶賣到全國各地的藝廊和精品店。傳眞機在她的書房裡噠噠響，小雪偶爾會來這裡過夜。夏綠蒂最近動了心臟繞道手術，手術完一週，小雪就來這裡住過。另一個房間有兩張單人床，是夏綠蒂爲小雪的兩個兒子買的。自從她試圖爭取他們的監護權失敗之後，她就不再獲准與孫子獨處。「小雪花了很久才原諒我那麼做。」夏綠蒂說：「幾乎跟我原諒她花的時間一樣久。」

小雪在學校是個功課好、人緣佳的女孩子，從一間聲譽卓著的大學畢業以後，她接著念了兩年的研究所。在多數人的刻板印象中，邪教成員是孤單迷惘、心靈脆弱、涉世未深的年輕人。小雪並不符合這種形象。她在二十四歲時邂逅了這個改變她一生的男人。「我們第一次知道這個人，是當她告訴我們說她不念博士了，她要去沙漠靈修，思考她接下來的人生要做什麼。」她母親回憶道：「兩星期後，她就說她遇到了一個很棒的人，她現在和他在亞利桑那州。」

直到將近一年之後，夏綠蒂和她前夫才又聽到女兒的消息。這次女兒打電話來說她要生寶寶了。「我們當然大吃一驚！我們有一堆問題，從孩子的爸爸是誰，到什麼時候可以見見他，從你們什麼時候結婚，到你們有要結婚嗎？結果她說：『喔，我沒有要結婚啊。』我們倒抽一口冷氣，說：『好吧，親愛的。』不然你能怎麼樣？她說她會寫信跟我們報告來龍去脈，可是她沒寫。最後我對尼克說：『我們得過去一趟，親自看看怎麼回事。』」

他們飛到鳳凰城，租了一輛車，「然後才發覺我們根本不知道她在哪裡——我們只有一個郵政信箱的號碼，郵局位置在大約五十公里外的一座小鎮。」夏綠蒂回憶道：「於是我們去了那裡，把信箱號碼給了郵局局長，跟他說我們在找我們的女兒。他表情怪異地看了看我們，說：『在這裡等等看吧，如果你們覺得有用的話。通常會有人在一天結束時過來收郵件，你們可以跟著他們去那裡。』我們問他這話什麼意思，但他只是搖搖頭說：『其他我就無可奉告了。』」

多年之後回憶起來，夏綠蒂不禁爲她的天眞無知搖了搖頭。他們跟著一個開小貨車、身材壯碩的年輕人回到他們的社區，與小雪重逢，並和孫子第一次見面。「我們四處看了看，我的第一個念頭是：嗯，沒那麼糟嘛。有幾棟建築，全都剛油漆過。有一個大庭院、兩台拖拉機，還有很多人——可能有五、六十個，外加一些小孩和嬰兒。看起來很像六〇年代那種嬉皮社區，只不過更乾淨。一開始我們是這麼想的。小雪看到我們倒也不驚訝，她知道既然事情扯上寶寶，我們一定會跑去找她。寶寶就抱在她懷裡，我一看到他就什麼都忘了。但接著她說她得去聽講道，講道結束後再來找我們，或者我們也可以一起去聽，如果我們想聽的話。所以，我們當然跟著去了，儘管我很不想讓寶貝孫子離開我的視線……這個男的一站起來說話，我就懂了。我是說，他或許是個很有手腕、狂妄自大的瘋子，但他魅力無窮。很顯然，他們全都把他當成上帝。他滿嘴胡說八道，說的淨是一些聽起來好像富有宗教意味的鬼話，外加一些有關政府的被害妄想，可是小雪聽得如癡如醉。尼克轉過頭來對我說：『我想我們失去她了。』他說的對，我們徹底失去她了，只不過我花了五年才承認。」

那天晚上，尼克和夏綠蒂沒辦法說服小雪去他們下榻的旅館。小雪就連暫時離開她的「師父」一下也不願意。回到鳳凰城之後，他們立刻動員起來。「我們找了兩位律師、報了警，還去了當地的聯邦調查局辦公室。聯邦調查局把我們轉介到邪教覺醒互助網（Cult Awareness Network），我們甚至致電國會議員和參議院議員，可是他們都說我們什麼也不能做——她是個成年人了。」

接下來三年，夏綠蒂和尼克離婚了，小雪生了第二個孩子，這一胎也是男孩。夏綠蒂和尼克又去了亞利桑那州幾次，分開去、一起去都有。「在那之前，我們的婚姻就已經岌岌可危了。我想，直到終於明白我們的無力之前，我們都還撐得下去。一旦明白我們對小雪無能爲力，我們就沒有再撐下去的動力了。」夏綠蒂說。確定救不了女兒之後，夏綠蒂把重心轉移到拯救她的孫子上。「我會在半夜醒來，想到韋科、瓊斯鎮和天堂之門。」❸她說：「就算已經和尼克分開了，我還是會打電話給他，對著他哭。我是說，現在我們有自己的人生了，但她還是我們的女兒，兩個孫子也還是我們的孫子。」雖然「韋科慘案的噩夢」還是糾纏著我，她補充道：「但我已經不再試著說服小雪離開他或那個組織，否則她只會離我越來越遠，而那個混帳東西已經害我失去夠多了。」

她只能安慰自己說女兒似乎很快樂，孫子也健康、好學、乖巧，能夠回應她的愛。「有些人的家庭會對他們棄之不顧，但我怎麼也做不到。以前我相信小雪總有一天會清醒，她會認清他是個騙子、她爲他浪費了大好人生，但我不再認爲會有這一天了。但那兩個男孩是另一回事，我在這裡是爲了小雪，更是爲了兩個孫子。」

❸韋科（Waco）為大衛教天啓牧場所在地，因官方介入搜查造成死傷。瓊斯鎮（Jonestown）為人民聖殿教的大本營，最終釀成九百人集體自殺慘案。天堂之門（Heaven's Gate）為一不明飛行物體宗教組織，亦釀成三十九人集體自殺案。

什麼東西的另類？

不是每個所謂的另類團體都是邪教。邪教的基本特徵是在一個受到控制的環境中控制人類的言行舉止。根據羅伯特・傑・利夫頓醫生（Dr. Robert Jay Lifton）的說法，任何一種意識形態都有可能在擁護者手中朝威權主義的方向發展。至於如何判別邪教營造出來的環境，利夫頓醫生提出的標準包括：生活圈與社交圈的控制、對個人的過度操縱、把世界劃分成純潔（組織內）和不純潔（組織外的一切）、強迫認罪或其他象徵屈服的行為、為基本的教義或意識型態抹上神聖的色彩、充滿陳腔濫調或胡說八道的洗腦語言、假設該組織的教義或意識形態是至高無上的眞理、組織中的人擁有存在的特權——不屬於這個團體的人都是邪惡的，他們得不到救贖，而且沒有存在的權利。②

以這些標準而言，被歸類爲邪教的組織眞的是邪教或危及成員身心健康者相對很少。從順勢療法、有機農法到覺知教養不等，有許多團體實踐或宣揚特定的價值或行爲，包括身心靈團體、療癒團體或其他基於共同理念組成的團體在內（在我們年輕時蓬勃發展的群居村也是一例）。他們秉持的人生哲學或生活模式顯得異於常人，因此讓外人覺得害怕。波妮塔說：「我只要她過正常的生活。」過去四年，波妮塔二十五歲的女兒萊拉都住在印度的一間僧院。萊拉的生活不止「正常」，而且在印度文化中，年輕人出家修行是一種備受尊崇的普遍做法。但波妮塔無視於這個事實，對她來說，關於萊拉的人生該怎麼過，她們在不知不覺間形成了不成文的共識，而萊拉自作主張的決定背叛了這種共識。但對萊拉來說，她母親的立場可能也是另一種不成文共

② Robert Lifton, 2002. Myownmind.com.

識的背叛：「我以爲不管我選擇什麼，妳都無條件地愛我。」③

我們必須超越社會的刻板印象，試著去看孩子眞實的樣貌，而不是把我們的期望套在他們身上。如此一來，我們才能跳脫自己的文化偏見，從一個更宏觀的角度去看我們的孩子。社會上最常見的刻板印象之一，就是那些採取另類生活方式的人都被洗腦了，他們被他們的團體或領袖迷了心竅。但我們都很容易受到自己所屬的特定文化、宗教領袖或政治哲學所影響，在某些情況中，唯一的差別只在於某一意識形態或領袖受到該文化多數人的認同，其他意識形態或領袖則只受到少數人認同。對孩子而言什麼是好影響、什麼是壞影響不是由我們決定。甚至如果他們選擇了非當代文化主流的理念和做法，對他們的整個想法理解與否也由不得我們。我們可以決定的是要不要支持和尊重他們，或至少假裝支持和尊重。「假裝」感覺可能像是一種欺騙，但它所傳達的訊息更能準確表達我們對孩子的心意，那就是我們愛他們，即使我們不愛他們的選擇。允許歧異包括允許成年兒女和我們的差異，也包括允許我們對維繫親子關係的渴望，無論這份關係是建立在何種雙方共有的基礎上。換言之，就是在可能的範圍內保有這份關係。④

誰是受害者？

當孩子的言行舉止違背我們認爲的倫理道德（套用琳達的說法是「當小淘氣變成大壞蛋」），我們很難不覺得是自己教育失敗。除了照顧和保護子女之外，教導他們是非對錯是爲人父母最重要的責任之一。如果琳達的兒子有任何道德標準可言，她還

③ Mariana Caplan, *When Sons and Daughters Choose Alternative Lifestyles* (Prescott, Ariz.: Hohm Press, 1996), p. 98.

④ 同前，p. 177.

不清楚他的標準到底在哪裡——從青春期開始，他一路詐欺、行騙了大半輩子。瑪蓮娜的女兒對丈夫不忠。派崔克的兒子活脫脫是個歧視異己的希特勒。克萊米的長子把學期報告賣給大學生，讓他們當成自己的作業交出去。寶拉的兒子是個不負責任的爸爸，雖然完全付得起法院裁定的贍養費，他卻堅持不付，害得寶拉不能見孫子一面。我們許多人都知道孩子背地裡幹的勾當，但卻選擇不拆穿他們。「他幹的勾當我知道的夠多了。我不需要再知道更多。」琳達說：「他是我兒子，我愛他，但有時候眞的很難。感覺就像他在對我吐舌頭說：『啦啦啦，我是個壞蛋，妳不能把我變好。』是啦，我確實不能。我必須接受事實——就算我指了一條正途給他看，他還是要走上歪路。」

茱笛絲的兒子似乎沒有檯面上看得見的經濟來源，但他開好車、住豪宅，在聖誕節和茱笛絲生日時買昂貴奢侈的禮物給她。「我知道他在賣大麻——至少，我希望他賣的只是大麻而已。」她說：「我從沒直接問過他。我只希望他不要被抓到。」凱緹的女兒是個身材姣好的金髮美女，她常和有錢的老頭出遊。「每次她都會帶回一件新的珠寶首飾，她會展示給我看，看起來很貴重。我沒問她是從哪裡得來的，因爲我怕她告訴我眞相。」

對成年兒女放手，意味著放他們去任何地方，包括法律邊緣和監獄裡面。在我們的孩子把人生搞砸的所有方式中，對許多父母來說，作奸犯科是最丟臉、最可恥、也最匪夷所思的一條路。

孩子犯法的父母覺得自己被人指指點點。南西說：「如果你看到我兒子被銬上手銬帶走，你八成不會認爲他的父母給他很好的教育。」南西的兒子馬修能言善道，憑著三寸不爛之舌騙了幾十個人的終生積蓄，結果因爲這起蓄意詐欺案獲判十五年的有期徒刑。

這些父母也覺得心有不甘。斯陶特說：「他們兩個都犯法，卻只有我的孩子被關。」斯陶特的兒子因為竊取商業機密被關，但他的舊夥伴（把消息賣出去的是他）卻藉由供出共犯、充當污點證人換取減刑，逃過牢獄之災。

有時候，在沒有受害者的犯罪案件中，這些父母甚至覺得自己才是眞正的受害者。以我們這一代的觀念和經驗而言，所謂「沒有受害者的犯罪案件」，通常是指牽扯到性（但不是暴力、強迫、剝削的那種）和毒品的任何事件，又尤其是毒品。談到因爲買賣海洛因被捕的女兒時，瑪爾希就用了這個字眼。無獨有偶，大衛談到販毒被捕的兒子時，也說那是「沒有受害者的犯罪案件」。大衛補充道：一次一公克，不是大量販售，而且從不賣給小孩——在聽取法官宣判時，我兒子是這麼說的。

我們或許會請律師和／或心理醫生幫助他們，抑或動用任何可能的影響力去擺平他們的案子。我們可能會堅信他們的無辜，儘管證據就擺在眼前。我們可能會幫他們的行爲編藉口或找理由——他們或許做錯了，但他們不是故意的；那是心理創傷或心靈脆弱的症狀或結果；他們只是一時失常，或受到毒品或酒精的催化；他們是被別人強迫或影響。無論如何，孩子就算在我們眼裡不是大人，在法律面前也已經是大人了，一旦法官和陪審團做出判決，他們就不在我們的掌握之中。他們的所作所爲已經超乎我們自以爲能控制或介入的範圍。

我們甚至可能覺得如釋重負。就算還是很慚愧、很自責、很難堪或很痛苦，但至少我們的恐懼可以減輕一點。蘿絲說到因爲吸毒犯下一連串罪行而入獄的兒子時這麼表示，瑪格麗特說到被判定強暴女友的兒子時也這麼表示。就跟其他苦於成年兒女失控行爲的父母得到的結論一樣：至少我們知道他們去了一個不能傷害自己或別人的地方。

我們看著自己的美夢破滅。我們教孩子明辨是非，他們卻無視於我們的教誨。在種種不必要的浪費面前，我們覺得很無助。想到他們的未來，我們覺得很害怕。面對親友和鄰居，我們覺得很羞愧。凱瑟琳是個固定上教堂的虔誠信徒，她在彌撒開始之後溜進去，又趁結束之前溜出來，免得被人看到她。派特的兒子因為持槍搶劫在坐牢，他跟人說他兒子為情治單位工作，所以不能來參加姊姊的婚禮。大家都是為了孩子盡心盡力的好爸爸、好媽媽。我們怎麼也沒辦法接受自己的心肝寶貝竟然穿著橘色連身服，❹隔著一面強化玻璃坐在對桌，過著我們從沒想像過的人生。儘管我們愛他們，儘管我們竭盡所能支持他們，儘管我們希望他們能承擔後果、學到教訓，我們還是不得不明白：現在，他們如果不幫幫自己，我們也幫不了他們。

原諒那不可原諒的

面對殘酷的現實，我們會不斷重播他們兒時的點點滴滴，想要找到是哪裡出錯。

我們把本來可能改變未來發展方向的那一刻獨立出來，然後當然就是將過錯歸咎於那一刻。我們或許會抓著自責與憤怒不放，因爲那是我們和他們之間僅存的關聯。但事實上，憤怒是一種孤獨的處境，只會讓我們覺得離孩子更遠，而不是更近。南西每個月去監獄探望兒子馬修，探監前一週，她總是不禁對兒子的犯罪行爲憤怒起來。在描述這種心情時，南西說：「就像經前症候群——一看到他的時候，我就火氣全消，結果每次會面的前十分鐘，我都在求他原諒我！」

她補充道：「如果可以和其他同病相憐的父母分享，我會跟他們說：別再爲發生在孩子身上的事自責了。導致他們落入這般田地的是他們的所作所爲，不是你的所作所爲。你沒有責任。要知道你已經盡力了，別再怪自己沒能防患於未然。」爲了了解

❹美國的囚衣為橘色連身服。

兒子犯罪的動機，南西試著放下自己的觀點，從他的觀點去看。「在他看來，這整件事只是交易出了問題，不是一種犯罪行爲，這跟拿槍指著某個人之類的是兩碼子事。一旦明白他的想法，我就能告訴自己：我可不是這樣教他的。到他十歲大的時候，他就很清楚是非對錯了。所以，是他要爲自己所做的事負責，不是我。」

不管是歸咎於什麼原因，責怪都是原諒的障礙，而原諒既是一個選擇，也是一個過程。許多父母純粹因爲不能接受成年兒女的選擇和價値觀而與他們疏遠。如果說什麼、做什麼都無法修補裂痕，他們可能會徹底放棄這段關係。就像傑克一樣，孩子傷了他們的心，孩子摧毀了他們的夢想，他們就用絕不原諒來懲罰孩子。不管是他們的所作所爲背叛了我們，還是他們的行爲在我們眼裡是一種背叛，被背叛的感覺都比被背叛的事實更重要，尤其當遭到背叛的是「他們的倫理道德觀應該和我們一樣」的這個假設。⑤

如果我們的目的是要報復孩子，或者說服他們從我們的角度看事情，又或者直到他們認錯爲止，我們都堅持與他們對立，不肯放下痛苦與憤怒，那麼我們就很可能一直和他們疏遠下去。當我們願意調整對孩子的希望，務實地評估我們和他們的關係還有什麼可能，而不是執著於他們的人生還有什麼可能，我們就比較容易放下恐懼、不甘和憤怒，繼續去愛他們——這就是原諒的本質與奧義。

原諒孩子違背了我們的觀念、希望、假設和預期是我們給自己的禮物，不是我們給他們的禮物。破滅的不止是我們對他們的夢想，還有我們對自己的夢想。在爲失落的夢想傷心難過完了之後，原諒讓我們可以放下過去往前走。在人生的此時，不管成年兒女是不是我們一直以來期望的樣子，放下過去往前走都是我們這個階段的任務。

⑤ Dwight Lee Wolter, *Forgiving Our Grown-up Children* (Cleveland, Ohio: Pilgrim Press, 1998), pp. 32-35.

8

和孩子的問題劃清界線，重新思考你的人生順位

我們成年人生的前半段，都在希望孩子無災無難長大成人。到了成年人生的後半段，我們卻發現事與願違。於是我們面臨了接下來要做什麼、怎麼做、爲誰做的問題。包括精神疾病、違法犯罪、加入邪教、飲食失調、吸毒嗑藥和自殺威脅在內，都是社會學家喬．布蘭斯（Jo Brans）和瑪格麗特．泰勒．史密斯（Margaret Taylor Smith）所謂成年兒女「出乎意料、脫離常軌、不可接受」的行爲，他們針對這類成年兒女的母親做了研究，指出她們的適應過程有六個階段：震驚、關注、行動、抽離、自主和重新建立關係。①

多數人通過了前三個關卡，有些人比較順利地過了關——對孩子出了問題的父母來說，如果認識嘉莉或像她那樣的人，那眞是一種福氣。不管你需要什麼（諮商師、心理醫生、醫生、律師、退出邪教的過來人、互助團體、相關法規、診所、療程或醫院），嘉莉都可以幫你找到最好的資源。而且你可以放心，她不會多問爲什麼。

我們過不去的往往是後面三個關卡，但除非成功過關，否則我們永遠無法抵達茱蒂絲・維奧斯（**Judith Viorst**）特所謂「永久親職」（**Permanent Parenthood**）的情感平衡狀態。在這種狀態的父母角色中，我們「既懷著對孩子濃得化不開的愛，又接受自己能做的有限；我們能與自己有限的控制能力和平相處，明白自己既不能也不該試著爲他們做更多」。②

就算兒女已經成年，爲了讓他們的人生步上軌道，很少有什麼事情是我們不會幫他們去做的。但不幸的是，當你去諮詢專家的意見時，他們會告訴你，我們能做的也

---

① Jo Brans and Margaret Taylor Smith, *Mother, I Have Something to Tell You* (New York: Doubleday & Co 1987), pp. 6-8.

② Judith Viorst, *Imperfect Control: Our Lifelong Struggles with Power and Surrender* (New York: Simon & Schuster, 1998), p. 181.

很少。身為法定的成年人，我們的兒女有權為自己做決定，包括病態、愚蠢、盲目、錯誤和不理性的決定在內。我們或許很希望他們能接受治療，但只要他們沒有危及自己或他人，我們不能強迫他們就醫；而就算他們接受治療，治療也不見得有效。我們或許能為他們找到可能幫得上忙的專家，但我們不能把他們拖進專家的辦公室；就算可以，也得他們想要專家的幫助才行。我們或許能提供他們一個遮風避雨的地方，但我們不能逼他們離開街頭、回到家裡；就算硬逼他們回家，他們也不會留下。

在缺乏明顯原因的情況下，我們可能很難確切指出孩子是哪裡出了差錯，尤其是那些沒能展翅高飛的孩子。我們恐怕只能憑感覺、直覺或本能，判斷是我們的問題或他們的問題引起我們的憂心。如果我們主要的感覺是心有不甘、憤憤不平和沮喪失意，而不是恐懼、擔憂和驚慌，那麼這些反應可能是源於我們覺得他們不成熟、不負責任或判斷力差，而他們的這些缺失損害了我們的權利、占用了我們的資源，或危及我們的私生活。如果我們是因爲他們不能離家獨立、開創人生、承擔責任、立定目標或安定下來而不高興，那可能是我們的期望高過他們所能做到的程度，我們氣他們不能按照我們的時間表長大成人。如果因爲他們的行爲對我們的婚姻造成壓力、導致我們與其他家人關係緊張、危及我們的經濟保障、限制了我們的自主性，而讓我們覺得被利用、被責怪、被虧待或被剝奪，那麼我們可能恨不得畫下照顧兒女的句點，去過我們自己的人生。

我們的負面感受是一個很好的指標，說明了我們的感覺是我們的問題，不是他們的問題。我們最好的做法就是重新把焦點從他們身上拉回自己身上，想清楚我們要提供他們什麼實際上的幫助，以及打算幫到什麼時候，並對我們能夠同意或允許的範圍設下恰當的界線——除非眞的不再爲他們的行爲內疚或負責，否則我們很難做到這一點。他們沒能發揮自己的潛能，我們可能會有被耍了的感覺。但要不要發揮潛能是他們的事，處理我們的感覺則是我們的事。

相形之下，如果我們的感覺是害怕、驚慌、擔心，如果我們爲人父母的雷達之所以發出警報，是因爲孩子顯露出憂鬱、憤恨、喜怒無常、人際疏離、情緒不穩、身上傷痕累累等跡象，那就可能有什麼很嚴重、很危險的事情正在悄悄發生。若是如此，我們唯一的選擇就是設法找出問題的癥結、盡我們所能提供幫助、接受他們目前的人生現狀，並且有意識地選擇劃清界線，與造成我們痛苦的根源切割開來——造成我們痛苦的根源不是他們，而是他們的問題。

傾聽內心的感受不止讓我們能承認並掌握這些感受，也讓我們能解讀這些感受所傳遞的訊息。即使是負面的感受，我們也要相信它們是有力的資料來源，而不要一味地否定、扭曲它們，或讓它們轉爲頭痛、高血壓、睡眠障礙等身體上的不適。多數針對父母身心健康的研究都證實，父母的心理健康不止和自身人生中的大小事有關，也和發生在成年兒女身上的事情密不可分，更和親子關係的本質脫不了關係。③親子關係的內涵對父母的心理健康和心理負擔都有重大的影響。關係不睦或相處有問題，可能導致父母產生無意義感，並衍生情緒困擾和精神疾病的症狀。研究報告指出，有精神疾病或成癮症成年兒女的父母有較高的壓力、較多的擔憂，乃至於較嚴重的憂鬱症。他們有時會被無望和絕望的浪潮淹沒，抵擋不住對孩子未來的擔憂及對孩子脫序行爲的憤怒。不意外地，成年兒女的問題（尤其是心理問題）比其他因素都更容易引發婦女族群的憂鬱症——孩子的問題對母親造成的焦慮、憂鬱和情緒壓力更甚於父親。④

③ Rachel Pruchno, Norah D. Peters, and Christopher Burant, "Child Life Events, Parent-Child Disagreements, and Parent Well-Being: Model Development and Testing," in *The Parental Experience in Midlife*, ads. Carol D. Ryff and Marsha M. Seltzer (Chicago: University of Chicago Press, 1996), pp. 561-607.

④ 同前。

我們的感受往往包含了恐懼和憤怒的元素，尤其當成年兒女的生活模式和價值觀跟我們大異其趣，或者雙方對於維持親子關係的意願有很大的落差。就算承認他們有權按照自己的選擇過生活和做事情，我們還是可能有擔心、失望、被背叛和被拋棄的感受；眞正不可能做到的是「無感」。但如果我們能拋開自己的價值觀，不要拿我們的想法去影響他們的發展，接受現況「就是這樣」，而不要求「或許可以怎麼樣」，避開無解難題的地雷區，以雙方仍有的交集爲基礎建立關係，我們就比較容易駕馭自己的痛苦和失望，而不讓我們的痛苦和失望成爲他們的負擔。不管他們的困境是什麼原因造成的，又有什麼樣的徵兆，我們唯一能和他們保持親近的辦法（就算不是在家裡或日常生活中，也是在心靈上），就是盡可能拉開我們和這些問題的距離。身爲父母，以及身爲一個自己也有人生要過的人，我們最重要的任務就是和他們的問題劃清界線，但不和他們劃清界線。而要做到這一點，唯一的辦法就是達成讓自己抽離出來的艱難任務。

我們的生存之鑰

抽離意味著放下。當我們對孩子懷抱的夢想破滅了，讓自己抽離出來是我們熬過痛苦、沮喪、失望唯一的辦法。

這是我們重拾自己人生的第一步。

這是承認我們為人父母的責任有限，並接受我們已經竭盡所能為他們做盡一切的事實。

這是讓我們明白無論我們少為他們做什麼（言教、身教、關注、讚美、付出或褒獎），他們都必須為自己去做，或者就算沒有也照樣過活。

這是讓他們獨立的唯一希望。

這是讓我們獨立的唯一途徑。

我們或許沒辦法全面脫離他們的人生——有些孩子可能在經濟上或甚至行動上需要我們持續的幫助，尤其如果他們生病了或受傷了。但就算提供實質的幫助，我們在情感上也要盡力抽離。套句喬·布蘭斯和瑪格麗特·泰勒·史密斯的話來說，情感上的抽離「將孩子從我們的想法底下釋放出來，不再由我們界定他們的人生，並且……把他們的人生交到他們手中，任其處置」。⑤

爲了能抽離開來，我們需要重新思考自己的人生順位，把第一順位從「孩子」改成「自己」。我們也需要看見他們眞正的樣子，認清他們不是我們，即使她有媽媽的語言天份，或他簡直就是爸爸的翻版。我們都是各自獨立的個體，擁有各自獨立的人生，雙方都不能永久佔有對方。我們的抽離迫使他們爲自己的人生負責，並讓我們得以繼續自己的人生，就算我們的滿腹疑問（這種事爲什麼發生在我的孩子身上？還有，沒錯，這種事爲什麼發生在「我」身上？）可能永遠也解不開。抽離教會我們忍受那些不能忍受的、沒有道理的，以及互相矛盾的——不止是關於我們的孩子，還有關於這個世界。抽離讓我們能夠樂在當下，即使我們的寶貝正在受苦。抽離讓我們就算不認同、不理解孩子的選擇，也能和他們保持關係，用我們的愛給他們支持；我們能給他們的就只剩下這份愛而已。抽離讓我們有可能只專注在我們對他們的愛上頭，而不再努力說服、操縱、控制他們。抽離讓我們能夠承認情況非我們所能掌握，也讓我們能像那首老歌說的「放手交給上帝」。❶執著於舊有的關係只是徒然，抽離是我們和孩子建立新關係唯一的希望。

---

⑤ Brans and Smith, *Mother, I Have Something to Tell You*, p.188.

❶作者此指保羅．拉德爾（Paul Rader）的福音歌曲〈放手交給上帝〉（Let Go and Let God）。

抽離不是多年痛苦與失望的副產品，儘管表面上看來可能像是這樣。抽離是有意識的選擇，也是求生意志的表現。雖然與兒女保持距離看似是很孤單的處境，但這實際上是一個爲我們的痛苦畫下句點、把失望的重擔卸下來的選擇。

梅蘭妮是把親子關係切割清楚的表率。她的女兒凱特在十六歲染上毒癮，曾經成功戒毒了一段時間，生了個可愛的兒子，後來又因爲向臥底警察買海洛因被抓了。凱特被捕八個月後，孫子的監護權判給了梅蘭妮。凱特服完刑、歷經第三次的戒毒治療之後，展開了她的新「事業」。梅蘭妮沒有一絲羞赧或諷刺意味地說，凱特從事的新事業是「性服務業」。

現年三十三歲的凱特已經成功戒毒三年了，她懷上第二胎的時候，梅蘭妮幫她和寶寶找了公寓、付了房租。凱特到社區大學註冊當學生，不再當脫衣舞孃。偶爾她會和有錢的「朋友」去度週末，時間通常是配合梅蘭妮每月一次與孫子共度的週末。

「我不問她去哪裡、跟誰去，就算她穿著一件新的眞皮長大衣回來。」梅蘭妮說：「如果需要聯絡她，我有她的手機號碼。我不問她有沒有去上課、有沒有繼續參加戒毒聚會。我不問她有沒有交往對象。我不問她是否缺什麼、需要什麼。我就像一個律師——我不問我不知道答案的問題。」

爲了支付律師、心理諮商師、戒毒療程、看小兒科的花費和租屋的押金，梅蘭妮身兼兩份工作。「爲了凱特的問題，我失去了很多——金錢、工作、感情，當然還有內心的平靜。我愛的男人最後離我而去，因爲他受不了凱特打電話來叫我去保釋她，或者神智不清地跑來吃感恩節晚餐，然後倒在我家沙發上不醒人事。但每一次我女兒眞心想振作起來，我都陪在她身邊，我永遠不會棄她於不顧。」

梅蘭妮對她願意提供或願意忍受的事情設下了界線。「我說：『妳不能在我家吸毒，還有我要把我家的鑰匙要回來。』我不借她錢，雖然我當然還是會買衣服和玩具給孫子，畢竟我是他們的外婆，我愛那些和他們共度週末的時光。如果她因此覺得稍微鬆了口氣，那我很爲她高興，但我不是爲她做這些，而是爲了我自己。我不知道像她那樣一個聰明、漂亮、潛力無窮的女孩怎麼會變成這樣——對，而且她還有一個好媽媽給她很好的照顧。雖然我很希望她能逆轉人生、很希望她這次終於改過自新了，但這卻不是我控制得了的。我也但願自己能信賴她，但我知道我不能。說來悲哀，我不知道她有沒有能讓我信賴的一天。」

她不再多想女兒到底爲什麼做那些選擇。「我現在又能怎麼樣？」她反問道。「有時候，想起她一塌糊塗的人生，我心碎到必須逼自己的思緒別往那個方向跑，就像懸崖勒馬一樣。通常我的思緒會一直跑，我只能不斷告訴自己：我不是她，她不是我。我努力提醒自己我們是不同的人，即使她身上流著我的血，她是我身上掉下來的一塊肉，但她不是我……她不是我。她的人生和我的人生天差地遠。我有一份好工作、很多好朋友、一段滿意的感情、一個自己的家、一副健康的身體，這一切都是她沒有的，儘管她在努力了。我不爲自己所擁有或達成的感到抱歉，這些都是我努力的成果。如果能讓她好起來，我願意立刻放棄這一切。但，她不會因此好起來。她是唯一能讓自己好起來的人。在她努力的同時，我盡量給她幫助。我不評斷她，只是給她愛。我也設法做到牧師給我的建議——放下我的失望，爲自己編織夢想，讓希望成爲一個驚喜。」

多謝分享

無論孩子出了什麼問題，有兩個一體適用的做法是對我們有用、有效的。一是爲我們自己尋求幫助，二是界定清楚我們要和成年問題兒女牽連到什麼地步（注意這個句子的結構：是成年問題兒女，而不是成年兒女的問題）。

雖然耗盡了所有資源幫助孩子，我們卻很可能還沒開始爲自己探索得到幫助的管道。事到如今，我們可能忘了別人的經驗就是最好的老師。曾幾何時，關於如何處理孩子的問題，我們是從其他父母那裡得到最有用的實戰攻略，更別提還有精神上的支持、同理與諒解。只要能克服我們的羞恥與慚愧，向其他父母尋求幫助依舊是一個可行的選項。當妮娜懷疑她兒子有毒癮，她鼓起勇氣撥了通電話給一位她不認識的媽媽。她只是從共同的朋友那裡聽說對方的事情，她跟對方說：「我覺得我兒子有吸毒的問題，就我所知，妳在這方面有一點親身經驗，妳願意和我聊一聊嗎？」譚恩的女兒被診斷患有躁鬱症時，他向他的壁球球友提到這件事，意外發現對方的一個女兒有一樣的問題，更有甚者，他得知了其他幾位父母的孩子也患有類似疾病。

雖然專家可以給我們專業的幫助，並爲我們指出一些能夠得到支持的管道，但沒有人像其他有相同經歷的父母一樣，能對我們的感受了然於心。貝蒂說：「有一次，我錯向一位朋友坦白說有時我希望我兒子死了算了。我說我再也受不了多痛苦一天，要是能一了百了，那大家都解脫了。從那之後，那位朋友就再也沒跟我說過話。」貝蒂的兒子迪克在甲基安非他命的影響之下，犯下了數起暴力案件。夜裡，貝蒂輾轉反側，想像自己出現在迪克墳前。「他如果真的死了就不好了，我一定會哀痛逾恆。但他傷害了那麼多人……至少他再也不能傷害任何人了，我再也不必提心吊膽，等著下一件可怕的事情發生。至少事情有了個結尾。」

貝蒂的朋友無法理解她的感受，但對她在戒毒者親友互助團體的夥伴來說，這種感受再熟悉不過。「如果不能接受自己最黑暗的一面，我就不能原諒自己，更別提原諒他了。我從來不是身心靈那一掛的人，但我學到人要敞開心扉才能做到原諒，而要不要敞開心扉操之在你。我從互助團體的夥伴身上學到一件事，那就是我可以選擇繼續痛苦、讓痛苦把我摧毀，也可以選擇敞開心扉、饒過自己和迪克。」

許多父母都在有系統、有組織的家屬支援網絡和推廣團體當中找到支持與力量。幾乎每一種問題、疾病、狀況或處境都有相關的組織，只要Google一下或打一通免付費電話，他們不止提供資訊，也讓你能拋開在別人面前強顏歡笑的壓力（有時甚至包括在自己的配偶面前），透過分享和承認內心的感受，卸下情緒上的負擔。

告訴朋友、同事、主管和其他家人發生了什麼事，可以爲自己打開獲取支援的管道。一旦卸下守著一個祕密的壓力，明白沒人批評或指責我們，他們只想幫忙，我們的羞愧和恥辱都會煙消雲散。確實，聽到別人不幸的遭遇，有些人心裡難免產生「感謝老天這種事不是發生在我身上」的念頭，但這只是再次提醒我們：人生當中很多的人事物都非我們所能控制。

對於這種情緒上的釋放與安慰，女性比男性更容易向外界求援。雖然不是全部，但很多男性都羞於對太太以外的人吐露心事，太太於是發現自己必須扮演安慰者，而非被安慰者。凱西說：「結果變成我在安慰他，一直以來都是這樣。我希望他有別的傾訴對象，畢竟我自己都撐不下去了。從他那裡，我想得到的只是一份體諒——要是他能體會到我也一樣傷心就好了。」黛比則說：「只要我哭，他就擺臉色，一副不為所動、冷眼旁觀的模樣，所以我不再向他求助。而我知道他跟我一樣心碎，但他當然不會承認。我發覺自己很氣他把什麼都悶在心裡。」

找到對的談話對象並不容易。這個人要能給我們情感的滋潤、包容我們的焦慮，而不試圖叫我們放寬心。這個人也要能相當程度地抽離開來，才能既對我們的痛苦感同身受，又不被我們的痛苦淹沒。就算對方不是一個妄下論斷或性好批評的人，也可能會像貝蒂的朋友般被我們的感受嚇到，沒辦法做到容忍或包容。一個好的「容器」穩定我們的情緒，讓我們感覺比較好過，並對我們表達支持，不會對我們的問題打破砂鍋問到底。即使情況明明不受控制，也讓我們覺得情況在控制之中，從而排遣了我們焦慮的心情。一個理想的傾訴對象善於傾聽但不過度關心。這個人讓我們能侃侃而談，而不會擺出一副「我比你還慘」的姿態，或者專注在他自己的問題或不幸上頭。「這就是我爲什麼去找心理醫生聊——我不需要給她對等的時間。」佩姬說。儘管許多朋友可能會給我們一堆建議，教我們該拿孩子怎麼辦或該爲孩子做什麼，但我們從別的管道就能得到相關建議。我們需要從朋友那裡得到的不是批評指教，而是耐心和同理心，以及讓我們笑出來的能力。因爲如果我們笑不出來，那就跟行屍走肉沒有兩樣了。

但我們不能持續轟炸身邊的人（包括朋友和配偶在內），不斷耗損彼此的關係。我們不能讓自己的問題、對方的問題或雙方的問題變成這段關係唯一的主題。一旦眼前的危機解除了，我們終有必須付出代價、回報對方的一天。

許多人跟佩姬一樣轉而找心理醫生傾聽、肯定、包容我們的感受。我們之所以這麼做，是因爲我們身爲心理諮商的一代、身在一個心理諮商的文化中，也因爲比起向旁人尋求支持，我們覺得付錢換取心理安慰還比較自在。就像瓊恩說的：「當你對朋友抒發，回報對方是不成文的規矩，有一天要換你當他宣洩的對象。但面對心理醫生就沒這種負擔，重點在你不在他。你高興怎麼樣就怎麼樣。要把一小時的諮商時間都花在大哭特哭，那也隨便你。我說的就是我自己——我只是坐在那裡哭個沒完，她就負責遞面紙。」

岌岌可危的婚姻

成年兒女的問題導致某些夫妻分道揚鑣。「他是那種需要有一個怪罪對象的人，而我通常就是那個對象。」克勞蒂亞表示：「我覺得自己像是受到雙重虐待——孩子再加上老公。我在匿名戒酒會聽多了，很多人的婚姻都在這種壓力之下破局。」

成年兒女的問題挑戰父母彼此支持、互相安慰而不指責或怪罪對方的能力。雖然成年兒女住在家裡有可能激起父母之間的衝突，因爲夫妻對於要不要允許或鼓勵這種做法意見相左，但這通常與父母的心理健康無關。[6]事實上，住在一起有好有壞。好處是透過給予彼此社會支持以強化親子之間的關係，壞處則在於角色衝突上，亦即我們對爲人父母的角色有多滿足，又有多常因爲孩子覺得困擾或難過。

最爲穩固持久的關係都要受到種種危機的考驗，但牽涉到成年兒女的危機帶來的負擔格外沉重，因爲這些危機往往是發生在我們重新檢視婚姻價值的時候。在我們成年人生的後半段，重新檢視我們的婚姻是重新確立身分認同的一部份。「在小雪跟那個傢伙和他的信眾攪和在一起之前，我們的婚姻就已經欲振乏力了。」夏綠蒂說：「我們那時瀕臨離婚。在小雪年紀比較小的時候，我們根本不會考慮這種事。那是我們的婚姻誓約中不成文的一部分——如果我們有孩子，直到孩子長大之前，無論發生什麼事，我們都會在一起。小雪的事可能把離婚的計畫延後了幾年，直到我們明白做什麼都救不了她爲止。外人以爲那是我們離婚的原因，但其實不是。那只是一個讓我們重新思考的機會，我們必須想想怎麼做對我們才是最好的，而不是怎麼做對她才是最好的。」

由於我們和上一輩對女性角色的觀念不同，所以我們很少害怕空巢期的到來。近來所有針對此一人生階段的研究也顯示：在多數婚姻中，這是一個重拾幸福與活力的時期。但話說回來，爲人父母在經濟、物質或情感方面持續的責任，仍舊會耗損我們現在所需的力量，即使是感情最好的夫妻也不例外。在這個階段，我們需要力量投入

⑥ William S. Aquilino, "The Returning Adult Child and Parental Experience at Midlife," in *The Parental Experience in Midlife*, eds. Carol D. Ryff and Marsha M. Seltzer (Chicago: University of Chicago Press, 1996), p.448.

新的角色、探索身分認同的其他面向、因應退休或新的事業選擇、面對雙親的死亡和其他家庭結構的改變，以及接受（或不接受）就連最健壯、最凍齡的人也逃不掉的生理變化。索妮亞說：「我就這麼一筆錢，要嘛用來幫他付第三次的勒戒療程，要嘛用來幫我自己付第一次的臉部拉皮手術。我決定是時候爲自己做點事了，因爲我再也不能爲他做什麼。」

空巢經驗取決於孩子有多依賴我們。「就算他們不住家裡，只要他們不能獨立，那他們就沒有眞的離巢。」珍妮說：「如果你優先想的還是他們需要什麼，而不是你自己需要什麼，那你們家這個巢就還是滿的。」

但如果我們已經開開心心地過起後親職的新生活，開始善加利用夫妻或個人重獲新生、重新成長的機會，那麼一旦孩子沒能徹底離巢、展翅高飛，或他們的問題嚴重到妨礙或耽誤了我們的新人生，我們的失望就會格外強烈。怎麼樣算嚴重？那要看他們的問題影響我們其他方面的滿足與樂趣到什麼地步而定。我們自己很悲慘並不會讓孩子好一點或快樂一點。我們永遠隨侍在側也不會解決他們的問題。至少，在這輩子，當一個壯烈犧牲的烈士帶來的樂趣不多。

模糊的界線與愛的限制

確認我們能為成年兒女做到什麼程度，牽涉到的不止是知道自己的底線在哪裡而已。這些底線包括知道我們能夠付出多少、拿回多少或忍受多少，以及期望孩子做什麼來回報。施者與受者交換條件的做法在很久之前可能有效，例如不做家事就沒有零用錢。時至今日，這種做法還是成立，例如在借貸者向銀行借錢的時候。但當這筆交易是發生在父母和成年兒女之間，而且我們唯一的保障就是他們的承諾時，那麼不管他們有多樂意服從我們的要求，交換條件的遊戲規則都很難貫徹。許多父母很快就會發現，面對有毒癮或酒癮的孩子，以「用來買食物或付租金」作爲條件給他們錢，完全無法確保他們不會用來買毒買酒。但即使是不那麼斬釘截鐵的情況，「幫他們解決問題」和「讓他們有能力解決問題」之間的界線也可能一樣模糊，尤其是當我們立刻回應他們的求救信號，而沒有先判斷自己是不是他們首要、最後或唯一的求救對象，更別提是不是他們正確的求救對象。

除了我們之外，孩子可能有其他求救的管道。就算大難臨頭，我們也要退開來看看是不是有別人伸出援手，而不是自動攬下責任。這些人可能是孩子的配偶、情人、朋友、兄弟姊妹或雇主，我們也要尊重他們在孩子人生中的角色，以及他們不管用什麼方法幫忙的意願。透過和別人一起分擔，我們避免了把孩子自己的支持系統破壞掉的可能。提醒自己還有其他資源（包括公家或私人的援助、救濟金和治療計畫）能發揮煞車的功能，阻擋我們耗盡自身資源去幫孩子的衝動。一個人或甚至一對夫婦都不能從頭到尾充當孩子的安全網，我們能做、能忍受或能承擔的有限。

但孫子怎麼辦？

根據人口普查局最新的數據，目前有超過兩百九十萬的祖父母和外祖父母在扶養四百五十萬名兒童，此外有其他親屬在扶養一百五十萬名父母不能或不願照顧的孩子。❷雪倫說：「我怎麼樣都不會把兩個寶貝丟給寄養機構。」雪倫把她的小轎車賣了，換了一輛廂型車，並且把她的居家辦公室（以前是她女兒的臥房）改成兒童房，現在她三歲大和五歲大的孫子把那裡當成自己的房間。「雖然我們人生現階段的計劃有了很大的犧牲，但也獲得一些回報。」

❷此數據為二〇〇三年時，推估目前應已倍數增長。

她一一列舉道：「看他們一天天長大。家裡再次充滿笑聲。和我先生變得比較親近；以前他要拚事業，很多時間都在外奔波，沒辦法當一個好爸爸，現在他有時間和興趣當一個好外公了。我知道我改善了他們的生活。保持良好的體力，沒變成一個老廢物——光是爲了追著孫子們到處跑，你就非得有充沛的體力不可。學習所有關於育兒的新知，不止是新的想法，還有很多新玩意兒！結交新的朋友，即使我們可能比孫子玩伴的父母大上二十歲。和我的女婿建立比較好的關係——他還是沒辦法完全負起當爸爸的責任，但他眞的成熟很多，而且努力要成爲他們人生的一部分。最棒的是，每天早上看到他們醒來時的笑臉。」

我們多數人都沒辦法對兒女坐視不理。介入兒女一塌糊塗的人生、替他們攬下責任，勢必有損我們隨心所欲安排後親職時期的自由。「但如果我們不管，誰要管？」伊琳問。三年前，伊琳的女兒在老公拋棄她之後，把小孩丟給伊琳照顧，自己跑去參加本來只是爲期一週的禪修營，「重新考慮她有哪些選擇」。從那之後，伊琳就成了實質上的監護人。一開始她很抗拒，但現在她將之視爲一個母親替自己彌補過失的機會。

「當然，我不曉得自己到底有什麼過失。可是我一定做錯了什麼，否則她怎麼會變成一個拋棄孩子的媽媽？」伊琳思忖道。

就算有好了，我們也不知道自己究竟做錯過什麼。但無論我們的罪過是想像出來的，還是眞實存在的，我們都不該是基於爲自己贖罪的偏差心態，代替孫子的父母照顧他們。如果要照顧孫子，那也是出於我們的愛、需要與親情，以及因爲沒有別人能代勞——至少目前沒有。我們的孩子總有機會（事實上是大有機會）在某一天準備好重新接手。到時候的放手才眞的是苦樂參半，因爲未來要把我們的現在帶走了。

我們可以基於各種理由選擇不照顧孫子，但有一點很重要，那就是不要基於懲罰孩子這種理由，因爲無辜的受害者會被夾在兩代的戰火之間。最無辜的莫過於孫子，他們沒做任何需要贖罪或活該受罰的事。

最好的狀況是我們的孫子在安全、有保障、充滿愛的環境中長大，雙親一樣致力於他們的幸福，並能帶給他們快樂。而我們有機會但沒有義務參與他們的人生，我們可以享受與他們共處的樂趣，但沒有照顧他們的責任，我們有餘裕但沒有必要支持他們的夢想。

但由我們來代替兒女做到這一切卻不是最好的狀況。照顧孫子不是我們第二次爲人父母的機會；雖然現況可能暫時把我們擺在代理父母的位置，但現況很可能不會永遠保持下去。我們多數人的兒女都想自己養育孩子，雖然他們有可能需要我們幫忙，但爲了支持他們對親手拉拔孩子長大的渴望，我們需要採取不介入的做法，甚至是（而且尤其是）在三代同堂的情況下。代替孩子扮演父母的角色有損他們的自信，並使得他們幼稚化——不管是在他們自己眼中，還是在他們的孩子眼中，他們都變得像小孩子一樣。即使只是部分提供住宿、經濟或幫忙帶小孩的協助，我們也欠孩子一份爲人父母應該受到的尊重。

不管是不是有困難，我們的孩子有嘗試犯錯的權利。他們有權犯下自己在養兒育女上的錯誤，就像我們自己也有過的機會一樣。我們或許幫他們付了一些帳單，但這並不會自動賦予我們當家作主的權利。我們可以做孩子的後盾、給陷入困境的孩子支持，但不是替他們代理職務。我們也可以透過尊重孩子爲人父母的身分來支持他們，而不是像對待小孩子一樣對待他們。

當兒女陷入困境，我們可能是孫子唯一穩固的依靠。孫子的個人世界也在崩潰，他們最需要從我們這裡得到的是「不會被拋棄」的保障。他們需要知道父母的問題不是他們造成的，也不是他們能夠解決的。兒女需要從我們這裡得到的，則是對於他們努力重建人生的支持。

有時候，兒女所做的安排可能限制了我們接近孫子的機會，尤其當我們的孩子是喪失監護權的父母。茱蒂和前媳婦的關係本來親如母女，但現在她卻見不到孫子，因爲她兒子鮑勃遲交贍養費。茱蒂認爲那是一種手段，她傷心地說：「她以爲我們看不到孫子就會吐出錢來，因爲我們很愛孫子。沒錯，我們是很愛孫子，但我們不會付錢，因爲那是鮑勃的責任，不是我們的責任。」

坎德拉篤信基督教，身爲一個保守派基督徒，她不能苟同自己的父母前衛開放的做法，所以同爲同性戀、各有同居伴侶的肯尼和瑪姬很難見到坎德拉的雙胞胎女兒。

但洛茲卻沒因爲兒子高登棄孫子泰勒於不顧而放棄當奶奶的樂趣。洛茲的兒子高登和一個她不認識的女人生了孩子，直到泰勒出生之前，她都沒見過泰勒的媽媽。她自己和泰勒的媽媽建立起屬於她倆的關係，對方讓她盡情參與泰勒的人生。有鑒於她倆住在美國東西兩岸，對方這種大方的態度真的很貼心。洛茲把一件T恤秀給我看，T恤上畫了個揮著魔杖的公主，並寫有「魔法防護罩」的字樣。洛茲說那是泰勒的母親送的禮物，她從沒嫁進他們家，卻一直是他們家的一分子。洛茲自己在孩子還小時離婚，她還記得當一個單親媽媽是什麼情況。「要是沒有爸媽給我經濟和情感上的支持，我早就垮了。」

有很長一段時間，洛茲替高登付法院判給泰勒的扶養費。「我很心痛他對泰勒就像他父親對我一樣。」洛茲說：「不只是在經濟上棄他於不顧，而是徹底無視於他的存在。每次想到這件事我就一肚子火，就像以前想到他父親是怎麼對孩子的一樣。我沒辦法不向高登提起，沒辦法不去分析或檢討他的問題，沒辦法不對著他嘮嘮叨叨。結果變成只要提起這件事，我們就一定會吵起來。這件事摧毀了我對他的愛，而且我確實覺得他也很恨我。」

後來洛茲不再付扶養費，她說：「那是我兒子和法庭之間的事。」但她跟泰勒和他媽媽還是保持密切的關係。每年暑假，泰勒都會過來跟她共度幾星期。「他是來看我的，不是來看他老爸的。」洛茲跟現在已經結婚的高登住得很近，但她說：「高登有時候會見泰勒，有時候不會。我知道泰勒有多傷心，但他自己得消化自己的情緒，那不是我該揹負的負擔。我能為他做的就是愛他，我能為兒子做的也就只是替他愛孫子。到頭來，我想他們總會建立起屬於他們的關係，但這事我插不了手。」

洛茲不再試圖「糾正」兒子和孫子的關係，而高登和他太太也生了他們自己的孩子，情況自此有了很大的改善。這些日子以來，泰勒更常見到高登，也認識了他同父異母的弟弟查克。「他再也不像查克剛出生時那樣吃弟弟的醋，反而變得很疼愛查克。」洛茲說：「查克很崇拜泰勒，泰勒也回應他的情感。而且，泰勒似乎接受了父親有時會令兒子失望的事實。有一次，我們全家一起去度假回來之後，泰勒說：『很遺憾老爸沒在他生第一個孩子之前長大，幸好到了生查克時他終於準備好了。』」

內疚的魅影與其他心魔

界定我們能做或能忍受的極限和「愛之深責之切」不一樣。設下界線是為了我們的生存，不是為了拯救他們或讓他們好起來。如果我們持續將他們擺在第一位、把自己擺在第二位，背後的原因也可能是為了我們自己，而不是為了他們。我們可能還是想趕走內疚的魅影——雖然不確定自己是哪裡做錯了，但反正就是覺得對不起他們。如果我們為了這些虛無飄渺的過錯，以為犧牲自己的幸福或保障是恰如其分的懲罰，我們就沒辦法設下界線，對孩子伸出適當的援手，成為解決問題的一股力量，卻不成為問題的一部分。除了孩子的問題之外，如果我們害怕沒有足夠理由維持夫妻關係，我們可能就沒辦法放下這些問題。而如果我們像鮑勃和瑪麗蘇一樣，為孩子守候了那麼久，久到來不及實現第二人生的計畫，那麼我們就永遠不能達成此一人生階段的核心任務：重新找回、重新定義及重新投資在自己身上。

9

重新開創人生：
後親職時期的挑戰

爲人父母是一場漫長的放手練習。我們一直在練習放棄控制，或放下自以爲能夠控制的錯覺。相形之下，後親職時期的功課則在於接受。我們的成年兒女有他們自己的樣子——這不是說他們不會改變（因爲人一定都會變，只是變好變壞而已），而是要強調即使我們曾經能夠影響他們的行爲、觀念或個性，現在我們也不再有這種影響力了。眞正的接受能釋放我們，讓我們不再困在希望他們逆轉人生、處理問題、面對責任的渴求裡。「接受」聽起來似乎很被動，實則不然，因爲它能讓我們按照自己的方式、毫無後顧之憂地自由開創第二人生。

後親職時期的發展需要我們放下「爲什麼」的問題，轉而專注在「接下來呢？」——不是我們的孩子接下來呢，而是我們自己接下來呢。我們現在的責任，是要在人生的其他領域找到目標與意義。「淘汰舊的角色、換上新的角色」不像表面上看來那麼容易。雖然我們還是擁有別人的愛，但不會再有人以朦朧的眼神仰望我們，對我們露出缺了牙的笑臉，彷彿我們有摘月亮的本領一般。而儘管近來的經驗勢必讓我們認清了自己的力量與影響有限，但確實有很多年的時間，事情是由我們來控制，或至少由我們來管理。

或許除了情竇初開的戀情以外，人生中沒有一段關係像親子關係般令人全心全意投入。這是好消息，也是壞消息。好消息是我們可能還不需要讓人扶著過馬路，但我們眞的、眞的厭倦爲孩子隨時待命了。壞消息是：那所以有什麼可以取而代之？

首先可以用來取代的是我們的婚姻或親密關係。這部分可能一直運作良好，多謝關心。但也不妨動一點「回春手術」，重新評估伴侶在一起的意義，重新喚醒雙方的熱情。就連孩子在該離巢的時間展翅高飛、成年人生過得一帆風順的人們也不免重新思考：當孩子不再是維繫婚姻的原因，那我們還有什麼理由要在一起？如果孩子就是唯一的原因，那恐怕不足以維繫婚姻。如同夏綠蒂對她和尼克的婚姻所下的註腳：

「小雪是我們之間唯一沒有了結的事情，而這個部分其實在幾年前就結束了——無論如何是沒有我們的份了。」

到了孩子二十幾歲時，我們可能已經顯現出中年危機的典型跡象：買下那輛保時捷；重新打點自己的外貌；眼神緊盯路上的小鮮肉，幻想嫁給他，但又決定要（或不要）和帶我們去參加人生第一次舞會的人長相廝守。或者，我們也可能在等孩子順利投入他們的新生活，期待著到時候自己的人生也要重新來過，並且對我們的婚姻感到不耐，因爲這段婚姻已經冷掉了，可是我們還沒有。

後親職時期的婚姻是（或應該是）一場全新的賽局。我們可能用的是一樣的裝備，比賽的場地也是同一塊，但我們需要一套新的規則。這套新的規則說明了我們繼續下去的意願，而爲能繼續下去，我們一方面要願意支持伴侶追尋他們的目標與意義，一方面要願意調整自己對婚姻第二階段的心態與期望——這個階段的婚姻應該是什麼樣子、它要如何滿足我們個別和共同的需求，以及我們的成年兒女在這當中扮演什麼角色。

爲後親職婚姻注入活力

所有後親職時期的婚姻都會歷經一個「問題浮現期」——早些年受到忽視、壓抑或掩飾的問題在此時重新浮出檯面。雖然空巢夫妻通常表示鬆了一口氣、對空巢的狀態很滿意，但數據顯示這只是剛克服該階段人生轉變之後暫時的產物。沒錯，有些人的婚姻在此時沒有重大的改變，但這往往表示這對夫妻尙未正視在他們身邊發生的變化，或還沒正視彼此間重新思考這段關係的必要。他們只是還沒體認到：在過去可行的互動模式，到了現在可能不盡然令人滿意。

截至目前爲止，我們都是依據自己在這段婚姻中分配到的角色而運作及發展。脫離了以孩子爲中心的婚姻階段，無論接下來是以個人爲中心，還是以伴侶爲中心，也無論孩子的人生是一場糊塗，還是一帆風順，我們爲人父母的角色都有了劇烈的改變。孩子長大成人的事實重新塑造並重新定義了我們的角色，取而代之的角色不是那麼明確，甚至必須更靈活、更有彈性。我們曾經是一個負責持家、一個負責賺錢，但這不見得反映了我們目前的興趣與能力。我們永遠都是孩子的父母，但「母親」或「父親」不再能代表我們的身分認同，也不再能決定我們彼此的關係，或我們和這個世界整體的關係。現在，我們是兩個（或一個）角色有待摸索的人。既然雙方的角色有待摸索，彼此的關係就也有待摸索。我們卸下親職的綑綁與限制，以不同的眼光重新檢視我們的伴侶，評估兩人之間的愛是否足以延續終生。如果我們繼續在一起，那會是一個主動積極有意識的選擇，而且我們雙方都願意做出必要的調整。經過這些調整，我們得以把投注在孩子身上的心力收回來，轉而投注在我們自己身上。

不是所有婚姻都挺得過空巢期；還在處理成年兒女問題的夫妻自有屬於他們的特殊難題要面對。如果我們想在孩子面前表現出一致的立場，讓孩子沒有操縱或挑撥我們的餘地，那麼我們就必須共同決定要如何爲孩子提供幫助，以及提供什麼樣的幫助，並且貫徹我們共同的決定。多數孩子（包括那些沒有問題的孩子）都很早就學會操縱父母，並且樂此不疲。我們需要有共識的不止是要不要讓他們回家住、在什麼樣的條件之下讓他們回家住，還有我們打算提供多少金錢、時間、體力和情感上的支持。因爲在其他情況下，這些都是夫妻共有共享的婚姻資產。瑪緹娜表面上同意湯姆讓珍妮學著爲自己的財務負責，但私底下卻偷偷拿錢給她長期負債的三十歲女兒。朵特自己守住成年兒子最近一次犯法的壞消息，因爲她「知道」她先生再也受不了了。派特知道他兒子離婚在即，但他還沒告訴瑪莉，因爲他知道她會站在兒媳婦那一邊——事實上，他老是躲起來和吉姆講很久的電話，或者下班後去找吉姆喝一杯，瑪莉都懷疑她先生是不是有外遇了。

舊瓶裝新酒

重新投入職場，找到和世界接軌、激發創意、運用既有技能並需要學習新技能的工作，不只能恢復我們的活力，也能滿足我們對「自我重要感」的需求。這種需求隨著我們日漸老化變得越來越重要。我們這一代人很習慣受到注目，沒理由認為我們老了就得接受自己不被看見、不被聽見。注意了！灰豹們，❶新的援兵在路上了！

我們可能沒想過，活到這把年紀，「如何保障未來」的問題會占去我們那麼多的心思。這都要怪一九九〇年代的經濟榮景不再，我們的四〇一K這會兒成了二〇〇一K，❷有些提早退休的人必須想辦法脫困，或至少調整他們的期望。貝芙說：「我不介意變老，我只是不想又老又窮。」貝芙的年金隨著剩餘的安隆❸資產付諸東流。

她把教師資格證上的陳年灰塵擦掉，重回學校教書去。「年輕的時候，這點薪水不夠我過活，但現在我過得下去。一開始，我是爲了錢和健保回去教書；現在我是爲了孩子們。教書這件事的重點，實在是在這些孩子身上。」以前我們爲了功成名就在職場上廝殺，現在我們不再需要爭強鬥勝，也不再需要賺得像過去那麼多。不在乎職位高低、對勾心鬥角沒有興趣，現在的我們可以自由選擇工作，把全副心思都放在工作本身，爲工作帶來不同的熱情。這種猶如佛家精神的工作態度，既滿足了我們物質上的需要，也呼應了我們精神上的追求。

---

❶灰豹（Gray Panthers）為美國的一個反年齡歧視組織，創辦人瑪姬．庫恩（Maggie Kuhn）因被迫退休發起該組織。

❷四〇一K為美國退休金制度，二〇〇一年發生安隆案，二〇〇一K為作者戲稱。

❸安隆案（Enron）又稱安隆事件或安隆風暴，為美國史上最大破產案及證券弊案，此前安隆為全球最大能源公司之一。影響所及，除了上萬員工失業，衆多投資人亦血本無歸。

在成年期的後半段，我們需要找回之前爲了孩子暫且擱置的部分，並用這些部分來重新開創自我。艾倫說：「我把這件事想成是舊瓶裝新酒。」她指的是她剛拿到的博士學位，而不是她之前動的臉部拉皮手術。她領悟到自己需要更新的是內在，而不是外在。鮑勃年少時的雄心壯志一度隨著他的頭髮一起消失，近來他又透過幫國際仁人家園❹蓋房子找回了昔日的理想。他也發現了敲敲打打的樂趣，現在正忙著把他的地下室改成木工工作室。

認清父母角色的極限，把孩子的人生視爲他們自己的問題、而非我們的問題，我們才能掌握自己的命運。我們的命運不再和他們的命運綁在一起。在養兒育女的歲月裡，忙孩子的事都來不及了，我們沒辦法去追求自己的成長、改變與幸福，如今則不然。而儘管人生總會發生變化，不管我們歡不歡迎，但成長卻像苦與樂一樣是一種選擇。

以前我們爲了家庭放棄的目標，可能和我們現在的目標不盡相同。比起還有一整個人生等在前頭的人，年逾五十的心願清單沒那麼長，也沒那麼有野心。但社會學家喬・布蘭斯①所謂的「第二自我的誕生」，需要我們回到現在我們唯一要負責的人生，也就是我們自己的人生。我們的能力要用在支持自己的第二人生，這些能力包括因應變化的能力、接受與妥協的能力、調整希望與夢想的能力、對於時間和自然療癒過程的信念，以及理解他人、與他人溝通的能力。

讓自我得以重獲新生的，是我們在年復一年的人生起伏中鍛鍊出來的彈性，以及活了半世紀以上所帶給我們的眼界。九一一之後，一個爲紐約人提供舒壓、療傷、解憂之道的心理健康運動建議大家多和長者相處，因爲「他們這輩子看多了，豐富的

❹ Habitat for Humanity，為一致力於改善窮人居住條件之公益組織。

① Jo Brans and Margaret Taylor Smith, *Mother, I Have Something to Tell You* (New York: Doubleday & Co 1987), p. 314.

閱歷賦予他們獨到的見解」。我們或許不認同「長者」這個標籤（除非能讓我們用敬老票價看電影或搭公車），但這提醒了我們把眼光放遠是多麼有幫助。我們可以重新調整眼光，從一輩子的角度去看孩子的問題，而不只看一時一地。對於孩子現在的處境，他們或我們可能都笑不出來。但我們不能讓現在的問題占去太多時間，更不能讓現在的問題定義了他們或我們。雖然我們不能從發生在孩子身上的事找到目標與意義，但我們可以從自己的因應方式中找到。

事到如今，我們已經善盡精神科醫生大衛・岡特曼（David Gutmann）所謂的「物種職責」（species dues）②——養育下一代的職責限制了我們的自由，改變了我們的本能，使得我們爲了服務別人、滿足別人的需求，而犧牲自己的需求。現在，我們握有大把的自由，可以盡情重新塑造、重新定義自己的人生。親職時期界限分明的性別角色到了後親職時期變得模糊。多年來因爲我們的角色和職責而受到埋沒的特質，如今可以重新大放異彩；爲了父職和母職而從很久以前就放棄的樂趣和潛質，如今也可以重新找回來。

後親職時期促使我們走出傳統的性別角色，展露在成年期前半段受到壓抑的傾向和特質。有關此一人生階段的所有資料都顯示，在早前人生中鮮明的性別界線隨著年歲增長漸趨模糊，男女雙方都養成了異性的某些特質，朝心理上的雌雄同體邁進。女性的溫柔慈愛、退縮被動及關係導向退居次位，取而代之的是成熟的性慾（生兒育女無損於她們的性慾）、個人的獨立自主（她們不再受制於孩子的需求）、屬於自己的主見，以及積極主動的態度。拜多年來練就的執行和管理技能之賜，女性養成了強勢

---

② David Gutmann, *Reclaimed Powers: Men and Women in Later Life* (Evanston, Ind.: Northwestern University Press, 1994), pp. 202-203

的特質，強勢的特質也可以用來達成新的目標。具有侵略性的陽剛特質以前可能會嚇到孩子，並讓另一半產生距離感，但現在我們可以容許（甚或享受）自己展現陽剛的一面。脫胎換骨的我們不再那麼需要男性爲我們作主，也不再那麼崇拜強勢的男性。

在人生的這個階段，男性也感覺到人類天性的雙重性。異性潛質的浮現讓他們重拾心理上陰柔的一面：溫柔、感性、慈愛、關係導向，乃至於完整無缺的情緒感受。在後親職時期，兩性都能重拾一度爲了孩子而放棄、轉變和讓步的自我，重新愛自己，重新找回自己的理想。這種成熟、健康、正面的自戀心態，不止爲人生新階段的自我發展注入活力，也讓人對自己有更清楚的認識，並找到屬於自己的嶄新目標。對男女兩性而言，這都是一股眞正的力量。

熟齡的自我發展也包括兩個不得不正視的課題，一是不可避免的離別與失去，二是隨著體力、性吸引力、女性生育力及男性性能力的衰退，我們必須做出的調整。但近來的神經科學研究指出，我們的大腦有形成新的連結、重建心智結構的能力，可以彌補生理上的老化。就像古老的諺語所言，智慧與老練總是勝過青春與蠻力。岡特曼醫生針對男女兩性的晚年做了深入而廣泛的研究，他指出這個階段就像之前的人生階段，許多表面上看似是失去的東西，其實是在爲進一步的發展做準備。爲親職需求服務的精神生理系統逐漸淘汰，暴露出先前的生理和心理結構，身／心狀態變得更適合穩定的社會環境和外在環境：「青壯年的身體與衝動使他們享受變化並追求改變，長者的身心狀態則使他們享受並支持社會的穩定不變，變和不變同等重要……實驗及推動社會的變革和建立新的社會規範，往往是被分配給年輕人的任務。維持社會的穩定不變——保持社會心臟的持續跳動——則往往是長者的任務。」③然而，岡特曼醫生忽

③同前。

略了一個事實，那就是我們這一代人具有持續嘗試與不斷挑戰的傾向。我們重新定義了每一種習俗與成規，同樣的道理，我們也會重新定義老化這件事。我們可能不那麼常上街頭或喊得沒那麼大聲，我們可能少了一點年輕時的理想主義、多了一點務實的色彩，但我們寧願重新塑造一個更平等、更人性化的社會，也不想維持社會的穩定不變。

不同的時間做不同的事

晚年的變化爲男女兩性的後親職時期帶來了更多的機會。被養育子女限制了事業發展的女性，往往在她們一直以來從事的工作中找到了新的可能，或者把她們的精神與野心用在開創一個截然不同的局面——改變目標、大膽創業、不同的生活步調和模式。工作了大半輩子的男性或許不禁懷疑：人生就這樣嗎？他們開始接受自己的事業成就或限制，有些人拿出了高爾夫球桿，有些人轉而探索不同的選項、產業或職業。到了這時，兩性都變得更爲內省。這不代表我們就變得退縮避世，而是不同的思考習慣（例如反省和三思）成爲我們內在更重要的一部分。如同精神分析學家羅伯特·古爾德（Robert Gould）所言，一旦明白我們擁有自己，我們便能跳脫這世上沒有死亡或邪惡的錯誤假設，這一層體認迫使我們超越擁有、控制與競爭：「這種改變不會立刻發生，但內在導向最終會凌駕一切。」④

爲新的賽局重新洗牌

打從第一位戰後嬰兒潮出生的人年滿五十歲以來，成千上萬的書籍、文章和專家

④ Robert Gould, *Transformation: Growth and Change in Adult Life* (New York: Touchstone, 1978), pp. 217-226.

都圍繞著所謂的「中年」誇誇其談。這些作者堅稱五十歲以後的階段是「中年」，而且把這個階段說得那麼迷人，迷人到啓人疑竇的地步。確實，除了敬老票以外，老年還有一些其他的好處，像是眼界、智慧和圓融的自我。在一場公平的競賽中，這些優勢大有贏過青春、美貌和潛力的勝算。可是願意花錢看這場比賽的人恐怕不多！

我寧可稱這個階段爲「晚年」。人到晚年有兩個互相衝突的選擇：一是選擇接受手上拿到的牌，一是選擇重新洗牌。一旦孩子長大成人，這是我們在人生的每一方面都要面臨的選擇。事實上，我們一直都在面對這兩種抉擇，但當我們把爲孩子打點人生的責任交回他們手中，迫於年齡和情況的需要，我們必須做出有自覺、有良心的選擇。

就孩子而言，重新洗牌不是一個選項，畢竟我們不能換個孩子。但從我們的伴侶、工作、財產到餘生想要的方向，其他的一切全都攤在牌桌上。

很少人在丟掉舊衣、舊愛或舊物時不會想一想：這些東西是否只要修補一下就還是有用？婚姻、工作、朋友、活動、習慣和態度皆然。我們在舊有的基礎上建立新的生活和夢想。我們根據現實情況還有什麼可能、內心的渴望有多強烈，以及對於就算達不到目標也值得一試的體認，用新的夢想來取代被我們放棄的夢想。

兩相對照之下，過去和現在的夢想刺激我們去思考：在這一生當中，我們珍惜的是什麼？欠缺的又是什麼？隨著後親職時期而來的獨立自主讓我們有了重新選擇的自由，而在這些選擇當中，最重要的莫過於選擇從今以後我們和成年兒女的關係。

如前所述，我們的抽離迫使他們爲自己的人生負責。對於他們的選擇，我們不必再揹負情緒上的責任。獨立自主的精神讓我們能自由選擇與他們牽連的程度。雖然我們已經和他們的問題切割，但很少有人想切斷親子間所有的羈絆。儘管維持什麼樣的聯繫有很大一部分取決於他們，但我們能否在他們的人生中扮演現在唯一可能的角色，卻是取決於我們的態度和行爲。而我們現在唯一可能扮演的角色，就是一個朋友的角色。

朋友清楚自己對別人的責任有限，即使是他的孩子。朋友以切合實際的眼光看待別人的優缺點，即使是他孩子的優缺點。朋友會設下並保持兩個人間的適當界線，並界定他能容忍或饒恕的範圍，以及他能夠和願意提供給朋友的是什麼，即使是他的孩子。朋友尊重的是這個人，而不是這個人的選擇；如果我們尊重的是選擇，那我們的尊重就會隨著朋友或孩子的每一個決定來來去去。朋友能平衡自己和他人之間互相衝突的需求，即使是他孩子的需求。朋友懂得原諒，尤其是原諒他的孩子。

理想上，先天就不公平的親子關係，到了孩子成年時就蛻變成一種互相的、類似同儕的關係，即使孩子成年之後問題叢生。雙方之所以維持這份關係是出於選擇，而不是出於需要。就算他們沒有一個成年人該有的樣子，除非我們能把他們當成同儕來看待，否則這份關係最好的狀況就是不完美，最差的狀況則是維持不下去。

如同茱蒂絲．維奧斯特所言：「放下身為父母和孩子的虛妄期待，我們學會感謝親子間擁有的關係，甚至是不完美的關係。」⑤放下我們對孩子的失望，孩子就也從我們的失望底下被釋放出來。我們只要希望自己的愛能支持他們努力去過好自己的人生——就算不是現在，也是將來的某一天。於此同時，我們只管過好我們的人生。

⑤ Judith Viorst, *Necessary Losses* (New York: Simon & Schuster, 1986), p. 261.

橡樹林文化 ❖❖ 衆生系列 ❖❖ 書目

JP0001	大寶法王傳奇	何謹◎著	200 元
JP0002X	當和尚遇到鑽石（增訂版）	麥可・羅區格西◎著	360 元
JP0003X	尋找上師	陳念萱◎著	200 元
JP0004	祈福 DIY	蔡春娉◎著	250 元
JP0006	遇見巴伽活佛	溫普林◎著	280 元
JP0009	當吉他手遇見禪	菲利浦・利夫・須藤◎著	220 元
JP0010	當牛仔褲遇見佛陀	蘇密・隆敦◎著	250 元
JP0011	心念的賽局	約瑟夫・帕蘭特◎著	250 元
JP0012	佛陀的女兒	艾美・史密特◎著	220 元
JP0013	師父笑呵呵	麻生佳花◎著	220 元
JP0014	菜鳥沙彌變高僧	盛宗永興◎著	220 元
JP0015	不要綁架自己	雪倫・薩爾茲堡◎著	240 元
JP0016	佛法帶著走	佛朗茲・梅蓋弗◎著	220 元
JP0018C	西藏心瑜伽	麥可・羅區格西◎著	250 元
JP0019	五智喇嘛彌伴傳奇	亞歷珊卓・大衛一尼爾◎著	280 元
JP0020	禪　兩刃相交	林谷芳◎著	260 元
JP0021	正念瑜伽	法蘭克・裘德・巴奇歐◎著	399 元
JP0022	原諒的禪修	傑克・康菲爾德◎著	250 元
JP0023	佛經語言初探	竺家寧◎著	280 元
JP0024	達賴喇嘛禪思 365	達賴喇嘛◎著	330 元
JP0025	佛教一本通	蓋瑞・賈許◎著	499 元
JP0026	星際大戰・佛部曲	馬修・波特林◎著	250 元
JP0027	全然接受這樣的我	塔拉・布萊克◎著	330 元
JP0028	寫給媽媽的佛法書	莎拉・娜塔莉◎著	300 元
JP0029	史上最大佛教護法一阿育王傳	德千汪莫◎著	230 元
JP0030	我想知道什麼是佛法	圖丹・卻淮◎著	280 元
JP0031	優雅的離去	蘇希拉・布萊克曼◎著	240 元
JP0032	另一種關係	滿亞法師◎著	250 元
JP0033	當禪師變成企業主	馬可・雷瑟◎著	320 元
JP0034	智慧 81	偉恩・戴爾博士◎著	380 元
JP0035	覺悟之眼看起落人生	金菩提禪師◎著	260 元
JP0036	貓咪塔羅算自己	陳念萱◎著	520 元
JP0037	聲音的治療力量	詹姆斯・唐傑婁◎著	280 元
JP0038	手術刀與靈魂	艾倫・翰彌頓◎著	320 元
JP0039	作為上師的妻子	黛安娜・J・木克坡◎著	450 元

JP0040	狐狸與白兔道晚安之處	庫特・約斯特勒◎著	280 元
JP0041	從心靈到細胞的療癒	喬思・慧麗・赫克◎著	260 元
JP0042	27% 的獲利奇蹟	蓋瑞・賀許伯格◎著	320 元
JP0043	你用對專注力了嗎？	萊斯・斐米博士◎著	280 元
JP0044	我心是金佛	大行大禪師◎著	280 元
JP0045	當和尚遇到鑽石 2	麥可・羅區格西◎等著	280 元
JP0046	雪域求法記	邢肅芝（洛桑珍珠）◎口述	420 元
JP0047	你的心是否也住著一隻黑狗？	馬修・約翰史東◎著	260 元
JP0048	西藏禪修書	克莉絲蒂・麥娜麗喇嘛◎著	300 元
JP0049	西藏心瑜伽 2	克莉絲蒂・麥娜麗喇嘛◎等著	300 元
JP0050	創作，是心靈療癒的旅程	茱莉亞・卡麥隆◎著	350 元
JP0051	擁抱黑狗	馬修・約翰史東◎著	280 元
JP0052	還在找藉口嗎？	偉恩・戴爾博士◎著	320 元
JP0053	愛情的吸引力法則	艾莉兒・福特◎著	280 元
JP0054	幸福的雪域宅男	原人◎著	350 元
JP0055	貓馬麻	阿義◎著	350 元
JP0056	看不見的人	中沢新一◎著	300 元
JP0057	內觀瑜伽	莎拉・鮑爾斯◎著	380 元
JP0058	29 個禮物	卡蜜・沃克◎著	300 元
JP0059	花仙療癒占卜卡	張元貞◎著	799 元
JP0060	與靈共存	詹姆斯・范普拉◎著	300 元
JP0061	我的巧克力人生	吳佩容◎著	300 元
JP0062	這樣玩，讓孩子更專注、更靈性	蘇珊・凱瑟・葛凌蘭◎著	350 元
JP0063	達賴喇嘛送給父母的幸福教養書	安娜・芭蓓蔻爾・史蒂文・李斯◎著	280 元
JP0064	我還沒準備說再見	布蕾克・諾爾 & 帕蜜拉・D・布萊爾◎著	380 元
JP0065	記憶人人 hold 得住	喬許・佛爾◎著	360 元
JP0066	菩曼仁波切	林建成◎著	320 元
JP0067	下面那裡怎麼了？	莉莎・瑞金◎著	400 元
JP0068	極密聖境・仰桑貝瑪貴	邱常梵◎著	450 元
JP0069	停心	釋心道◎著	380 元
JP0070	聞盡	釋心道◎著	380 元
JP0071	如果你對現況感到倦怠……	威廉・懷克羅◎著	300 元
JP0072	希望之翼： 倖存的奇蹟，以及雨林與我的故事	茱莉安・柯普科◎著	380 元
JP0073	我的人生療癒旅程	鄧嚴◎著	260 元
JP0074	因果，怎麼一回事？	釋見介◎著	240 元
JP0075	皮克斯動畫師之紙上動畫《羅摩衍那》	桑傑・帕特爾◎著	720 元
JP0076	寫，就對了！	茱莉亞・卡麥隆◎著	380 元

JP0077	願力的財富	釋心道◎著	380 元
JP0078	當佛陀走進酒吧	羅卓・林茲勒◎著	350 元
JP0079	人聲，奇蹟的治癒力	伊凡・德・布奧恩◎著	380 元
JP0080	當和尚遇到鑽石 3	麥可・羅區格西◎著	400 元
JP0081	AKASH 阿喀許靜心 100	AKASH 阿喀許◎著	400 元
JP0082	世上是不是有神仙：生命與疾病的真相	樊馨蔓◎著	300 元
JP0083	生命不僅僅如此—辟穀記（上）	樊馨蔓◎著	320 元
JP0084	生命可以如此—辟穀記（下）	樊馨蔓◎著	420 元
JP0085	讓情緒自由	茱迪斯・歐洛芙◎著	420 元
JP0086	別癌無恙	李九如◎著	360 元
JP0087	甚麼樣的業力輪迴，造就現在的你	芭芭拉・馬丁&狄米崔・莫瑞提斯◎著	420 元
JP0088	我也有聰明數學腦：15 堂課激發被隱藏的競爭力	盧采嫻◎著	280 元
JP0089	與動物朋友心傳心	羅西娜・瑪利亞・阿爾克蒂◎著	320 元
JP0090	法國清新舒壓著色畫 50：繽紛花園	伊莎貝爾・熱志－梅納&紀絲蘭・史朵哈&克萊兒・摩荷爾－法帝歐◎著	350 元
JP0091	法國清新舒壓著色畫 50：療癒曼陀羅	伊莎貝爾・熱志－梅納&紀絲蘭・史朵哈&克萊兒・摩荷爾－法帝歐◎著	350 元
JP0092	風是我的母親	熊心、茉莉・拉肯◎著	350 元
JP0093	法國清新舒壓著色畫 50：幸福懷舊	伊莎貝爾・熱志－梅納&紀絲蘭・史朵哈&克萊兒・摩荷爾－法帝歐◎著	350 元
JP0094	走過倉央嘉措的傳奇：尋訪六世達賴喇嘛的童年和晚年，解開情詩活佛的生死之謎	邱常梵◎著	450 元
JP0095	【當和尚遇到鑽石 4】愛的業力法則：西藏的古老智慧，讓愛情心想事成	麥可・羅區格西◎著	450 元
JP0096	媽媽的公主病：活在母親陰影中的女兒，如何走出自我？	凱莉爾・麥克布萊德博士◎著	380 元
JP0097	法國清新舒壓著色畫 50：璀璨伊斯蘭	伊莎貝爾・熱志－梅納&紀絲蘭・史朵哈&克萊兒・摩荷爾－法帝歐◎著	350 元
JP0098	最美好的都在此刻：53 個創意、幽默、找回微笑生活的正念練習	珍・邱禪・貝斯醫生◎著	350 元
JP0099	愛，從呼吸開始吧！回到當下、讓心輕安的禪修之道	釋果峻◎著	300 元
JP0100	能量曼陀羅：彩繪內在寧靜小宇宙	保羅・霍伊斯坦、狄蒂・羅恩◎著	380 元
JP0101	爸媽何必太正經！幽默溝通，讓孩子正向、積極、有力量	南琦◎著	300 元
JP0102	舍利子，是甚麼？	洪宏◎著	320 元
JP0103	我隨上師轉山：蓮師聖地溯源朝聖	邱常梵◎著	460 元
JP0104	光之手：人體能量場療癒全書	芭芭拉・安・布藍能◎著	899 元

JP0105	在悲傷中還有光： 失去珍愛的人事物，找回重新聯結的希望	尾角光美◎著	300 元
JP0106	法國清新舒壓著色畫 45：海底嘉年華	小姐們◎著	360 元
JP0108	用「自主學習」來翻轉教育！ 沒有課表、沒有分數的瑟谷學校	丹尼爾．格林伯格◎著	300 元
JP0109	Soppy 愛賴在一起	菲莉帕．賴斯◎著	300 元
JP0110	我嫁到不丹的幸福生活：一段愛與冒險的故事	琳達．黎明◎著	350 元
JP0111	TTouch® 神奇的毛小孩按摩術——狗狗篇	琳達．泰林頓瓊斯博士◎著	320 元
JP0112	戀瑜伽．愛素食：覺醒，從愛與不傷害開始	莎朗．嘉儂◎著	320 元
JP0113	TTouch® 神奇的毛小孩按摩術——貓貓篇	琳達．泰林頓瓊斯博士◎著	320 元
JP0114	給禪修者與久坐者的痠痛舒緩瑜伽	琴恩．厄爾邦◎著	380 元
JP0115	純植物．全食物：超過百道零壓力蔬食食譜， 找回美好食物真滋味，心情、氣色閃亮亮	安潔拉．立頓◎著	680 元
JP0116	一碗粥的修行： 從禪宗的飲食精神，體悟生命智慧的豐盛美好	吉村昇洋◎著	300 元
JP0117	綻放如花——巴哈花精靈性成長的教導	史岱方．波爾◎著	380 元
JP0118	貓星人的華麗狂想	馬喬．莎娜◎著	350 元
JP0119	直面生死的告白—— 一位曹洞宗禪師的出家緣由與說法	南直哉◎著	350 元
JP0120	OPEN MIND！房樹人繪畫心理學	一沙◎著	300 元
JP0121	不安的智慧	艾倫．W．沃茨◎著	280 元
JP0122	寫給媽媽的佛法書： 不煩不憂照顧好自己與孩子	莎拉．娜塔莉◎著	320 元
JP0123	當和尚遇到鑽石 5：修行者的祕密花園	麥可．羅區格西◎著	320 元
JP0124	貓熊好療癒：這些年我們一起追的圓仔 ~~ 頭號「圓粉」私密日記大公開！	周咪咪◎著	340 元
JP0125	用血清素與眼淚消解壓力	有田秀穗◎著	300 元
JP0126	當勵志不再有效	金木水◎著	320 元
JP0127	特殊兒童瑜伽	索妮亞．蘇瑪◎著	380 元
JP0128	108 大拜式	JOYCE（翁憶珍）◎著	380 元
JP0129	修道士與商人的傳奇故事： 經商中的每件事都是神聖之事	特里．費爾伯◎著	320 元
JP0130	靈氣實用手位法—— 西式靈氣系統創始者林忠次郎的療癒技術	林忠次郎、山口忠夫、 法蘭克．阿加伐．彼得◎著	450 元
JP0131	你所不知道的養生迷思——治其病要先明其 因，破解那些你還在信以為真的健康偏見！	曾培傑、陳創濤◎著	450 元
JP0132	貓僧人：有什麼好煩惱的喵～	御誕生寺（ごたんじょうじ）◎著	320 元
JP0133	昆達里尼瑜伽——永恆的力量之流	莎克蒂．帕瓦．考爾．卡爾薩◎著	599 元

JP0134	尋找第二佛陀·良美大師——探訪西藏象雄文化之旅	寧艷娟◎著	450 元
JP0135	聲音的治療力量：修復身心健康的咒語、唱誦與種子音	詹姆斯·唐傑婁◎著	300 元
JP0136	一大事因緣：韓國頂峰無無禪師的不二慈悲與智慧開示（特別收錄禪師台灣行腳對談）	頂峰無無禪師、天真法師、玄玄法師◎著	380 元
JP0137	運勢決定人生——執業 50 年、見識上萬客戶資深律師告訴你翻轉命運的智慧心法	西中　務◎著	350 元
JP0138	心靈花園：祝福、療癒、能量——七十二幅滋養靈性的神聖藝術	費絲·諾頓◎著	450 元
JP0139	我還記得前世	凱西·伯德◎著	360 元
JP0140	我走過一趟地獄	山姆·博秋茲◎著 貝瑪·南卓·泰耶◎繪	699 元
JP0141	寇斯的修行故事	莉迪·布格◎著	300 元
JP0142	全然接受這樣的我：18 個放下憂慮的禪修練習	塔拉·布萊克◎著	360 元
JP0143	如果用心去愛，必然經歷悲傷	喬安·凱恰托蕊◎著	380 元
JP0144	媽媽的公主病：活在母親陰影中的女兒，如何走出自我？	凱莉爾·麥克布萊德博士◎著	380 元
JP0145	創作，是心靈療癒的旅程	茱莉亞·卡麥隆◎著	380 元
JP0146	一行禪師　與孩子一起做的正念練習：灌溉生命的智慧種子	一行禪師◎著	450 元
JP0147	達賴喇嘛的御醫，告訴你治病在心的藏醫學智慧	益西·東登◎著	380 元
JP0148	39 本戶口名簿：從「命運」到「運命」·用生命彩筆畫出不凡人生	謝秀英◎著	320 元
JP0149	禪心禪意	釋果峻◎著	300 元

橡樹林文化 ❖❖ 朝聖系列 ❖❖ 書目

JK0001	五台山與大圓滿：文殊道場朝聖指南	菩提洲◎著	500 元

橡樹林文化 ❖❖ 善知識系列 ❖❖ 書目

JB0001	狂喜之後	傑克・康菲爾德◎著	380 元
JB0002	抉擇未來	達賴喇嘛◎著	250 元
JB0003	佛性的遊戲	舒亞・達斯喇嘛◎著	300 元
JB0004	東方大日	邱陽・創巴仁波切◎著	300 元
JB0005	幸福的修煉	達賴喇嘛◎著	230 元
JB0006	與生命相約	一行禪師◎著	240 元
JB0007	森林中的法語	阿姜查◎著	320 元
JB0008	重讀釋迦牟尼	陳兵◎著	320 元
JB0009	你可以不生氣	一行禪師◎著	230 元
JB0010	禪修地圖	達賴喇嘛◎著	280 元
JB0011	你可以不怕死	一行禪師◎著	250 元
JB0012	平靜的第一堂課——觀呼吸	德寶法師 ◎著	260 元
JB0013X	正念的奇蹟	一行禪師◎著	220 元
JB0014X	觀照的奇蹟	一行禪師◎著	220 元
JB0015	阿姜查的禪修世界——戒	阿姜查◎著	220 元
JB0016	阿姜查的禪修世界——定	阿姜查◎著	250 元
JB0017	阿姜查的禪修世界——慧	阿姜查◎著	230 元
JB0018X	遠離四種執著	究給・企千仁波切◎著	280 元
JB0019X	禪者的初心	鈴木俊隆◎著	220 元
JB0020X	心的導引	薩姜・米龐仁波切◎著	240 元
JB0021X	佛陀的聖弟子傳 1	向智長老◎著	240 元
JB0022	佛陀的聖弟子傳 2	向智長老◎著	200 元
JB0023	佛陀的聖弟子傳 3	向智長老◎著	200 元
JB0024	佛陀的聖弟子傳 4	向智長老◎著	260 元
JB0025	正念的四個練習	喜戒禪師◎著	260 元
JB0026	遇見藥師佛	堪千創古仁波切◎著	270 元
JB0027	見佛殺佛	一行禪師◎著	220 元
JB0028	無常	阿姜查◎著	220 元
JB0029	覺悟勇士	邱陽・創巴仁波切◎著	230 元
JB0030	正念之道	向智長老◎著	280 元
JB0031	師父——與阿姜查共處的歲月	保羅・布里特◎著	260 元

JB0032	統御你的世界	薩姜・米龐仁波切◎著	240 元
JB0033	親近釋迦牟尼佛	髻智比丘◎著	430 元
JB0034	藏傳佛教的第一堂課	卡盧仁波切◎著	300 元
JB0035	拙火之樂	圖敦・耶喜喇嘛◎著	280 元
JB0036	心與科學的交會	亞瑟・札炯克◎著	330 元
JB0037	你可以，愛	一行禪師◎著	220 元
JB0038	專注力	B・艾倫・華勒士◎著	250 元
JB0039X	輪迴的故事	堪欽慈誠羅珠◎著	270 元
JB0040	成佛的藍圖	堪千創古仁波切◎著	270 元
JB0041	事情並非總是如此	鈴木俊隆禪師◎著	240 元
JB0042	祈禱的力量	一行禪師◎著	250 元
JB0043	培養慈悲心	圖丹・卻准◎著	320 元
JB0044	當光亮照破黑暗	達賴喇嘛◎著	300 元
JB0045	覺照在當下	優婆夷　紀・那那蓉◎著	300 元
JB0046	大手印暨觀音儀軌修法	卡盧仁波切◎著	340 元
JB0047X	蔣貢康楚閉關手冊	蔣貢康楚羅卓泰耶◎著	260 元
JB0048	開始學習禪修	凱薩琳・麥唐諾◎著	300 元
JB0049	我可以這樣改變人生	堪布慈囊仁波切◎著	250 元
JB0050	不生氣的生活	W. 伐札梅諦◎著	250 元
JB0051	智慧明光：《心經》	堪布慈囊仁波切◎著	250 元
JB0052	一心走路	一行禪師◎著	280 元
JB0054	觀世音菩薩妙明教示	堪布慈囊仁波切◎著	350 元
JB0055	世界心精華寶	貝瑪仁增仁波切◎著	280 元
JB0056	到達心靈的彼岸	堪千・阿貝仁波切◎著	220 元
JB0057	慈心禪	慈濟瓦法師◎著	230 元
JB0058	慈悲與智見	達賴喇嘛◎著	320 元
JB0059	親愛的喇嘛梭巴	喇嘛梭巴仁波切◎著	320 元
JB0060	轉心	蔣康祖古仁波切◎著	260 元
JB0061	遇見上師之後	詹杜固仁波切◎著	320 元
JB0062	白話《菩提道次第廣論》	宗喀巴大師◎著	500 元
JB0063	離死之心	竹慶本樂仁波切◎著	400 元
JB0064	生命真正的力量	一行禪師◎著	280 元
JB0065	夢瑜伽與自然光的修習	南開諾布仁波切◎著	280 元
JB0066	實證佛教導論	呂真觀◎著	500 元

JB0067	最勇敢的女性菩薩——綠度母	堪布慈囊仁波切◎著	350 元
JB0068	建設淨土——《阿彌陀經》禪解	一行禪師◎著	240 元
JB0069	接觸大地一與佛陀的親密對話	一行禪師◎著	220 元
JB0070	安住於清淨自性中	達賴喇嘛◎著	480 元
JB0071/72	菩薩行的祕密【上下冊】	佛子希瓦拉◎著	799 元
JB0073	穿越六道輪迴之旅	德洛達娃多瑪◎著	280 元
JB0074	突破修道上的唯物	邱陽・創巴仁波切◎著	320 元
JB0075	生死的幻覺	白瑪格桑仁波切◎著	380 元
JB0076	如何修觀音	堪布慈囊仁波切◎著	260 元
JB0077	死亡的藝術	波卡仁波切◎著	250 元
JB0078	見之道	根松仁波切◎著	330 元
JB0079	彩虹丹青	祖古・烏金仁波切◎著	340 元
JB0080	我的極樂大願	卓千拉貢仁波切◎著	260 元
JB0081	再捻佛語妙花	祖古・烏金仁波切◎著	250 元
JB0082	進入禪定的第一堂課	德寶法師◎著	300 元
JB0083	藏傳密續的真相	圖敦・耶喜喇嘛◎著	300 元
JB0084	鮮活的覺性	堪千創古仁波切◎著	350 元
JB0085	本智光照	遍智　吉美林巴◎著	380 元
JB0086	普賢王如來祈願文	竹慶本樂仁波切◎著	320 元
JB0087	禪林風雨	果煜法師◎著	360 元
JB0088	不依執修之佛果	敦珠林巴◎著	320 元
JB0089	本智光照一功德寶藏論　密宗分講記	遍智　吉美林巴◎著	340 元
JB0090	三主要道論	堪布慈囊仁波切◎講解	280 元
JB0091	千手千眼觀音齋戒一紐涅的修持法	汪遷仁波切◎著	400 元
JB0092	回到家，我看見真心	一行禪師◎著	220 元
JB0093	愛對了	一行禪師◎著	260 元
JB0094	追求幸福的開始：薩迦法王教你如何修行	尊勝的薩迦法王◎著	300 元
JB0095	次第花開	希阿榮博堪布◎著	350 元
JB0096	楞嚴貫心	果煜法師◎著	380 元
JB0097	心安了，路就開了： 讓《佛說四十二章經》成為你人生的指引	釋悟因◎著	320 元
JB0098	修行不入迷宮	札丘傑仁波切◎著	320 元
JB0099	看自己的心，比看電影精彩	圖敦・耶喜喇嘛◎著	280 元
JB0100	自性光明——法界寶庫論	大遍智　龍欽巴尊者◎著	480 元

JB0101	穿透《心經》：原來，你以為的只是假象	柳道成法師◎著	380 元
JB0102	直顯心之奧秘：大圓滿無二性的殊勝口訣	祖古貝瑪．里沙仁波切◎著	500 元
JB0103	一行禪師講《金剛經》	一行禪師◎著	320 元
JB0104	金錢與權力能帶給你甚麼？ 一行禪師談生命真正的快樂	一行禪師◎著	300 元
JB0105	一行禪師談正念工作的奇蹟	一行禪師◎著	280 元
JB0106	大圓滿如幻休息論	大遍智　龍欽巴尊者◎著	320 元
JB0107	覺悟者的臨終贈言：《定日百法》	帕當巴桑傑大師◎著 堪布慈囊仁波切◎講述	300 元
JB0108	放過自己：揭開我執的騙局，找回心的自在	圖敦．耶喜喇嘛◎著	280 元
JB0109	快樂來自心	喇嘛梭巴仁波切◎著	280 元
JB0110	正覺之道．佛子行廣釋	根讓仁波切◎著	550 元
JB0111	中觀勝義諦	果煜法師◎著	500 元
JB0112	觀修藥師佛——祈請藥師佛，能解決你的困頓不安，感受身心療癒的奇蹟	堪千創古仁波切◎著	450 元
JB0113	與阿姜查共處的歲月	保羅．布里特◎著	300 元
JB0114	正念的四個練習	喜戒禪師◎著	300 元
JB0115	揭開身心的奧秘：阿毗達摩怎麼說？	善戒禪師◎著	420 元
JB0116	一行禪師講《阿彌陀經》	一行禪師◎著	260 元
JB0117	一生吉祥的三十八個祕訣	四明智廣◎著	350 元
JB0118	狂智	邱陽創巴仁波切◎著	380 元
JB0119	療癒身心的十種想——兼行「止禪」與「觀禪」的實用指引，醫治無明、洞見無常的妙方	德寶法師◎著	320 元
JB0120	覺醒的明光	堪祖蘇南給稱仁波切◎著	350 元
JB0122	正念的奇蹟（電影封面紀念版）	一行禪師◎著	250 元
JB0123	一行禪師　心如一畝田：唯識 50 頌	一行禪師◎著	360 元
JB0124	一行禪師　你可以不生氣：佛陀的情緒處方	一行禪師◎著	250 元
JB0125	三句擊要： 以三句口訣直指大圓滿見地、觀修與行持	巴珠仁波切◎著	300 元
JB0126	六妙門：禪修入門與進階	果煜法師◎著	360 元
JB0127	生死的幻覺	白瑪桑格仁波切◎著	380 元
JB0128	狂野的覺醒	竹慶本樂仁波切◎著	400 元
JB0129	禪修心經——萬物顯現，卻不真實存在	堪祖蘇南給稱仁波切◎著	350 元

橡樹林文化 ❖❖ 成就者傳紀系列 ❖❖ 書目

JS0001	惹瓊巴傳	堪千創古仁波切◎著	260 元
JS0002	曼達拉娃佛母傳	喇嘛卻南、桑傑・康卓◎英譯	350 元
JS0003	伊喜・措嘉佛母傳	嘉華・蔣秋、南開・寧波◎伏藏書錄	400 元
JS0004	無畏金剛智光：怙主敦珠仁波切的生平與傳奇	堪布才旺・董嘉仁波切◎著	400 元
JS0005	珍稀寶庫——薩迦總巴創派宗師貢嘎南嘉傳	嘉敦・強秋旺嘉◎著	350 元
JS0006	帝洛巴傳	堪千創古仁波切◎著	260 元
JS0007	南懷瑾的最後 100 天	王國平◎著	380 元
JS0008	偉大的不丹傳奇・五大伏藏王之一 貝瑪林巴之生平與伏藏教法	貝瑪林巴◎取藏	450 元
JS0009	噶舉三祖師：馬爾巴傳	堪千創古仁波切◎著	300 元
JS0010	噶舉三祖師：密勒日巴傳	堪千創古仁波切◎著	280 元
JS0011	噶舉三祖師：岡波巴傳	堪千創古仁波切◎著	280 元
JS0012	法界遍智全知法王——龍欽巴傳	蔣巴・麥堪哲・史都爾◎著	380 元
JS0013	藏傳佛法最受歡迎的聖者——瘋聖竹巴袞列傳奇生平與道歌	格西札浦根敦仁欽◎藏文彙編	380 元

橡樹林文化 ❖❖ 蓮師文集系列 ❖❖ 書目

JA0001	空行法教	伊喜・措嘉佛母輯錄付藏	260 元
JA0002	蓮師傳	伊喜・措嘉記錄撰寫	380 元
JA0003	蓮師心要建言	艾瑞克・貝瑪・昆桑◎藏譯英	350 元
JA0004	白蓮花	蔣貢米龐仁波切◎著	260 元
JA0005	松嶺寶藏	蓮花生大士◎著	330 元
JA0006	自然解脫	蓮花生大士◎著	400 元
JA0007/8	智慧之光 1/2	根本文◎蓮花生大士／釋論◎蔣貢・康楚	799 元
JA0009	障礙遍除：蓮師心要修持	蓮花生大士◎著	450 元

衆生系列　JP0150

當孩子長大卻不「成人」……

接受孩子不如期望的事實、放下身爲父母的自責與內疚，重拾自己的中老後人生！

When Our Grown Kids Disappoint Us: Letting Go of Their Problems, Loving Them Anyway, and Getting on with Our Lives

作　　者／珍・亞當斯博士（Jane Adams, Ph. D.）
譯　　者／祁怡瑋
責任編輯／游璧如
業　　務／顏宏紋

總 編 輯／張嘉芳
出　　版／橡樹林文化
城邦文化事業股份有限公司
104 台北市民生東路二段 141 號 5 樓
電話：(02)2500-7696　傳眞：(02)2500-1951
發　　行／英屬蓋曼群島商家庭傳媒股份有限公司城邦分公司
104 台北市中山區民生東路二段 141 號 2 樓
客服服務專線：(02)25007718；25001991
24 小時傳眞專線：(02)25001990；25001991
服務時間：週一至週五上午 09:30 ～ 12:00；下午 13:30 ～ 17:00
劃撥帳號：19863813　戶名：書虫股份有限公司
讀者服務信箱：service@readingclub.com.tw
香港發行所／城邦（香港）出版集團有限公司
香港灣仔駱克道 193 號東超商業中心 1 樓
電話：(852)25086231　傳眞：(852)25789337
Email: hkcite@biznetvigator.com
馬新發行所／城邦（馬新）出版集團【Cité (M) Sdn.Bhd. (458372 U)】
41, Jalan Radin Anum, Bandar Baru Sri Petaling,
57000 Kuala Lumpur, Malaysia.
電話：(603) 90578822　傳眞：(603) 90576622
Email：cite@cite.com.my

內頁排版／歐陽碧智
封面設計／兩棵酸梅
印　　刷／韋懋實業有限公司

初版一刷／ 2018 年 12 月
ISBN ／ 978-986-5613-87-7
定價／ 380 元

城邦讀書花園
www.cite.com.tw

國家圖書館出版品預行編目（CIP）資料

當孩子長大卻不「成人」……：接受孩子不如期望的事實、放下身為父母的自責與內疚，重拾自己的中老後人生！／珍．亞當斯（Jane Adams）作；祁怡瑋譯. -- 初版. -- 臺北市：橡樹林文化，城邦文化出版：家庭傳媒城邦分公司發行，2018.12
面；　公分. --（衆生；JP0150）
譯自：When our grown kids disappoint us : letting go of their problems, loving them anyway, and getting on with our lives
ISBN 978-986-5613-87-7（平裝）

1. 家庭關係　2. 親子關係

544.1　　107021782

廣　告　回　函
北區郵政管理局登記證
北 台 字 第 10158 號

郵資已付　免貼郵票

104 台北市中山區民生東路二段 141 號 5 樓

城邦文化事業股份有限公司

橡樹林出版事業部　收

請沿虛線剪下對折裝訂寄回，謝謝！

|橡|樹|林|

書名：當孩子長大卻不「成人」……

接受孩子不如期望的事實、放下身為父母的自責與內疚，重拾自己的中老後人生！

書號：JP0150

橡樹林文化

讀者回函卡

感謝您對橡樹林出版社之支持，請將您的建議提供給我們參考與改進；請別忘了給我們一些鼓勵，我們會更加努力，出版好書與您結緣。

姓名：________________ □女 □男 生日：西元__________年

Email：____

●您從何處知道此書？

□書店 □書訊 □書評 □報紙 □廣播 □網路 □廣告 DM

□親友介紹 □橡樹林電子報 □其他______________

●您以何種方式購買本書？

□誠品書店 □誠品網路書店 □金石堂書店 □金石堂網路書店

□博客來網路書店 □其他______________

●您希望我們未來出版哪一種主題的書？（可複選）

□佛法生活應用 □教理 □實修法門介紹 □大師開示 □大師傳記

□佛教圖解百科 □其他______________

●您對本書的建議：

____

____

____

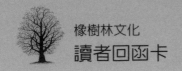